胎教是件快乐的事

——有胎教的孩子未来大不同

排骨汤圆 **著**

光明日报出版社

图书在版编目（CIP）数据

胎教是件快乐的事：有胎教的孩子未来大不同 / 排骨汤圆著. — 北京：

光明日报出版社，2012.6

ISBN 978-7-5112-2280-0

I. ①胎… II. ①排… III. ①胎教－基本知识 IV. ①G61

中国版本图书馆CIP数据核字(2012)第051370号

胎教是件快乐的事——有胎教的孩子未来大不同

著　　者：排骨汤圆

出 版 人：朱　庆	终 审 人：孙献涛
责任编辑：庄　宁	责任校对：孙静静
封面设计：米屋 loisql@hotmail.com	责任印制：曹　诤
插　　图：米yy	

出版发行：光明日报出版社

地　　址：北京市东城区珠市口东大街5号，100062

电　　话：010-67078247（咨询），67078270（发行），67078235（邮购）

传　　真：010-67078227，67078255

网　　址：http://book.gmw.cn

E - mail：gmcbs@gmw.cn　zhuangning@gmw.cn

法律顾问：北京市洪范广住律师事务所徐波律师

印　　刷：北京九天志诚印刷有限公司

装　　订：北京九天志诚印刷有限公司

开　　本：787×1092　1/16	
字　　数：93千字	印　　张：9
版　　次：2012年7月第1版	印　　次：2012年7月第1次印刷
书　　号：ISBN 978-7-5112-2280-0	

定　　价：29.90元

目 录
Contents

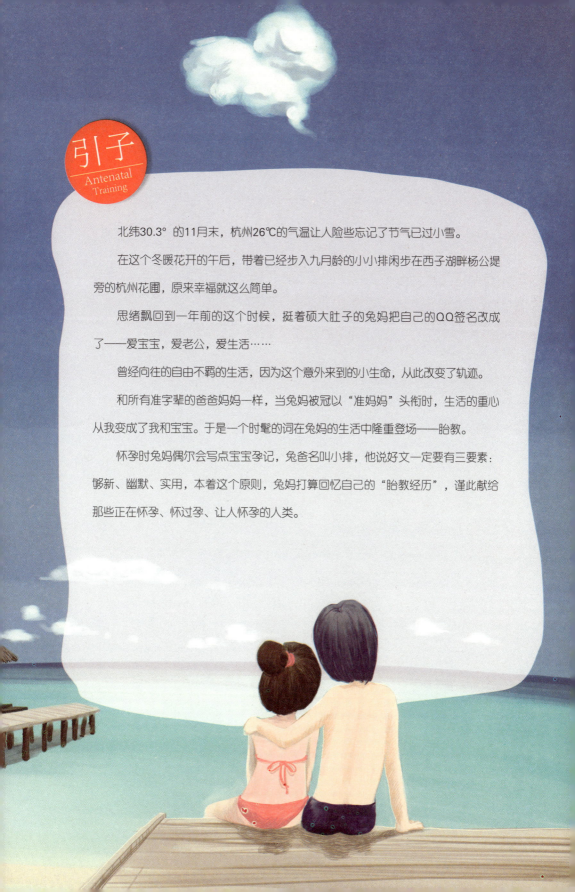

北纬30.3°的11月末，杭州26℃的气温让人险些忘记了节气已过小雪。

在这个冬暖花开的午后，带着已经步入九月龄的小小排闲步在西子湖畔杨公堤旁的杭州花圃，原来幸福就这么简单。

思绪飘回到一年前的这个时候，挺着硕大肚子的兔妈把自己的QQ签名改成了——爱宝宝，爱老公，爱生活……

曾经向往的自由不羁的生活，因为这个意外来到的小生命，从此改变了轨迹。

和所有准字辈的爸爸妈妈一样，当兔妈被冠以"准妈妈"头衔时，生活的重心从我变成了我和宝宝。于是一个时髦的词在兔妈的生活中隆重登场——胎教。

怀孕时兔妈偶尔会写点宝宝孕记，兔爸名叫小排，他说好文一定要有三要素：够新、幽默、实用，本着这个原则，兔妈打算回忆自己的"胎教经历"，谨此献给那些正在怀孕、怀过孕、让人怀孕的人类。

Antenatal
Training

第一章

PREPARATION OF PREGNANCY

备孕篇

　　孕前准备是优孕的关键，却往往最容易被忽略，与意外惊喜相比，期待中的宝贝则是父母爱的结晶、情的延续、灵的升华。恰当的孕前准备能让孩子决胜在起跑线上，孕前点点滴滴的付出和努力能无限扩大到孩子的未来上。

Antenatal
Training

从蜜月开始，兔妈和小排就开始把造人计划提上日程。电视剧里经常上演激情一夜后就怀上宝宝的情节，这么狗血且不负责任的剧情对兔妈的刺激太大了。于是在蜜月出发前，兔妈就信誓旦旦地昭告闺蜜们——要带个蜜月宝宝回来！现实离想象总是有些距离，水清沙白的马尔代夫没有让兔妈成功怀上蜜月宝宝，这让新婚的兔妈多少有些沮丧。不过兔妈一位在医院工作的医生朋友却告诉兔妈，其实蜜月宝宝虽然听起来很浪漫，但是从医学角度来说，医生都会建议准爸妈在心理、生理都有所准备的情况下考虑怀孕，所以蜜月宝宝肯定不是最好的选择。

为什么呢？作为过来人的兔妈觉得有必要在这里向各位姐妹传达一下这位医生朋友的观点。各位姐妹回忆一下，结婚时新娘子是不是最累的？婚礼前要准备宴会上吃的用的，布置新房，还要精心打扮，好人也会累个半死。婚礼当天，新娘还要一桌桌敬酒，一个个嘉宾都要应酬，自己饭也吃不好，等人走席散时，已经筋疲力尽了。体力不佳不说，精神也十分疲惫，身体状况肯定不是最佳了。蜜月的时候虽然心情愉悦，但是每天奔波在旅途中，其实也是一件非常劳心劳力的事情，这个时候精子、卵子也是疲劳不堪。不过最主要的是，兔妈觉得现在生娃得讲究质量，孕检可马虎不得。咱们要争取一次性生个聪明、健康、可爱的小宝贝，所以即便像兔妈这么不讲究的大懒人也不敢对孕前检查马虎。

兔妈的医生朋友说，孕前检查的种类太多了，至于需要做哪些检查，还是听医生的。下面兔妈就简单列一下一般孕前必须检查的一些项目，供各位姐妹参考。

准妈咪的孕前检查

●检查一：生殖系统

这项检查估计是大家最熟悉不过的妇科检查了，反正兔妈每年单位体检的时候都要遭遇一回。如果真的确定想要宝宝了，这是必不可少的检查内容哦，目的就是确定准妈妈是否有妇科病，如患有性传播疾病，医生会建议你最好先彻底治疗，然后再怀孕，否则会引起流产、早产等危险。按照兔妈无数次检查的经验，只要尽量放轻松，就不太会有不适感。

●检查二：脱畸全套

据说60％～70％的女性都会感染上风疹病毒，一旦感染，特别是妊娠头三个月，会引起流产和胎儿畸形。所以检查很必要，一旦发现感染，那就早发现早治疗。

　　啰嗦一句，各位家有宠物的准妈妈千万别掉以轻心，不怕一万，只怕万一。另外兔妈还想科普一下，宠物的粪便是传播源，生猪牛羊肉和内脏也是传播源，而且绝对排在宠物前面哦，所以爱吃火锅的妈妈记得要涮熟。

●检查三：肝功能

　　医生告诉兔妈，如果母亲是肝炎患者，怀孕后会造成胎儿早产等后果，肝炎病毒还可直接传播给孩子。

●检查四：尿常规

　　10个月的孕期对母亲的肾脏系统是一个巨大的考验，这项检查有助于肾脏疾患的早期诊断。

●检查五：口腔检查

　　如果孕期牙齿要是痛起来了，绝对让孕妈妈生不如死，因为用药会对胎儿有影响，但是不治疗又会疼得让你寝食难安很棘手。提前做个小小的检查，就是防患于未然。如果牙齿没有其他问题，只需洁牙就可以了，如果牙齿损坏严重，就必须拔牙。

●检查六：妇科内分泌

这项检查包括卵泡促激素、黄体生存激素等6个项目。一般月经不调又想怀孕的姐妹去医院，医生都会让你做个内分泌检查。兔妈虽然不属于不孕不育的人群，但是因为月经不调，一度担心自己的激素不平衡，后来在医生的建议下做了这项检查。

●检查七：ABO溶血

如果准妈妈的血型为O型，准爸爸为A型、B型，或者有不明原因的流产史，为了避免婴儿发生溶血症，医生通常会建议做这项检查。

●检查八：染色体异常

检查遗传性疾病，一般在孕前三个月进行。

小贴士

如今生娃讲究质量，婚检不能少，孕检也别偷懒哦。

第二章

PREGNANCY

怀孕篇

　　2010年的夏天，验孕试纸上的两道杠来得有些意外和惊喜，小小排当着中队长在兔妈的肚子里扎根了。这一年，兔妈憧憬着二人世界向三口之家的华丽转变。

Antenatal Training

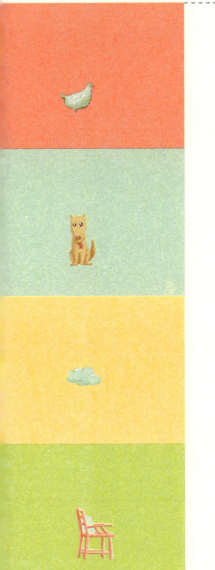

天使都是当着中队长来的

2010年7月，杭州的夏天热得有些让人透不过气来，好在非洲最南端的国度正在上演四年一次的足球盛宴，这让兔妈原本固定的计划表陡然增加了不少乐趣，工作、看球、夜宵、睡觉……日子过得很是惬意。终于，当时还没升级为兔爸的小排同学开始不淡定了，隔三差五、苦口婆心地开始旁敲侧击——"你过的简直是欧洲时间，看球都不用倒时差啊，以后你生的宝宝肯定是一夜猫子……"好吧，这让身在东八区，却又没心没肺地过着欧洲时间的兔妈情何以堪啊！

在某个清晨，兔妈躺在床上娇滴滴地跟小排念叨大姨妈迟迟未到。估计大家这时都会鄙视我们夫妻俩，大姨妈迟迟没来，居然没有往怀孕的方面去想，人是不能没有生活常识到这样的地步的！说到这里兔妈忍不住掩面，鉴于兔妈的非正常生物钟，大姨妈已经没啥规律了，记得之前有那么几次，兔妈总是异常激动地向小排同学宣告：我要当妈了！于是淘宝来一堆验孕试纸放在家里，可惜每次验孕的结果总是很不给力。乌龙摆多了，小排自然有免疫力了，不过兔妈自己每次都会乐此不疲地消灭试纸。

这一次，兔妈一如既往地在内心深处真心怀疑：这次应该是真的中标了吧！好吧，一骨碌翻身起床奔到厕所，翻箱倒柜地找出了试纸，五分钟后，若隐若现的两道杠出现了，不过在兔妈眼里那简直就是华丽丽的中队长啊。于是兔妈迅速奔回卧室把这个利好消息告诉了小排。小排同学居然没有像电视剧里那些准爸爸一样，立刻抱起兔妈转两个圈，然后在那里大呼：我终于要当爸爸了。天理何在啊！愣了两秒钟，小排同学开始亲自验证那两道杠的真实性，端详了半天以后，说了一句特让兔妈沮丧的话："这都淡得跟没有似的，这次不会又是诈孕吧！"

第二天，兔妈起了个大早，一看小排出门上班，立刻奔到家门口的社区医院求真相。排队等候时，兔妈又忍不住开始歪歪一颗豆芽菜正在自己肚子里生根发芽，请原谅当时那个没有丝毫孕期知识的兔妈，是多么的无知啊。终于轮到兔妈了，兔妈很无厘头地跟医生说："我自己测过好像怀孕了，要不你再给我测一下？"

于是又是一次尿检，依然用的是试纸，中队长也没有比前一天显得更张扬，只不过见多识广的医生看了一眼以后，就坚定地在病历上给兔妈写下了"早孕"两字。兔妈欢天喜地捧着病历走出了医院大门。抬头望了望当空烈日，在心底大声喊着：天使原来是当着中队长来的！

与所有的准妈妈一样，兔妈是怀着一颗充满希望的心成功升级为"中队长"的。欣喜和兴奋劲儿过去以后，兔妈又开始如怨妇般自卑了。为什么呢？看多了现在很多小夫妻的备孕经历，兔妈总觉得自己太不称职了，看看人家那讲究的样子，男的戒烟戒酒，女的补这补那，自己却连个正常的作息时间都保证不了，这一度让兔妈灰心到了极点，觉得自己的娃已经输在起跑线上了。

加上宝宝来得有点突然，之前兔妈都没有看过关于怀孕的书，连补叶酸这回事儿都是听了闺蜜的话后行动的。估计那会儿兔妈是准妈妈队伍里最无知的一员了。至于胎教在兔妈的印象里，那就更是模糊的概念，反正当时兔妈认为，胎教不过是让肚子里的娃有空听一下轻音乐而已。现在回想起来，自己都忍不住要鄙视自己的无知。

万幸的是，兔妈自认为是个超有责任心和母爱精神的妈妈。有了宝宝以后，兔妈的责任感瞬间被激发了。很久都没有静下心来看书的兔妈，一时间买了不少孕期健康的书，有空就爬上QQ请教身边那些升级成功的女朋友。本着一颗好好学习、天天向上的心，兔妈终于从一个毫无孕期常识的out准妈咪，成功变身为朋友眼里的育儿达人。

当然，说是育儿达人，那真的是玩笑话，兔妈知道自己不是专业人士，只是和其他妈妈一样，想让自己的宝宝能够在肚子里健康地发育。之所以翻了许

多书，找了很多资料，就是不想因为兔妈的无知，而对宝宝的生长发育有什么
影响。

第三章

PREGNANCY CHECK-UPS

产检篇

在我国有13.20‰的先天缺陷儿出生，因此，所有有条件的孕妇都应该参加产检，保证孕妈妈的身体健康，防止先天缺陷儿的出生。孕育健康宝宝，孕妈妈们从产检开始吧！

Antenatal
Training

唐筛、糖筛，傻傻分不清楚

怀孕的时候每次去医院做检查，总是看到一个孕妇被一大家子人前拥后簇，兔妈就经常和老公开玩笑说，做孕妇真的是享受皇太后般的待遇。这当然是玩笑话，不过由此也可见现在生一个健康快乐的宝宝对每个家庭来说是件多么重要的事。围产检查除了一般的听胎心、量体重腹围、摸胎位等，还有两项兔妈想特别说的就是唐筛与糖筛，这是很多孕妈妈都要纠结一番的两项检查。这两项听起来名字很接近的检查，甚至让很多新手准妈妈都傻傻分不清楚。

唐筛要检查什么？各位准妈妈又需要注意啥呢？唐筛检查是唐氏综合症产

前筛选检查的简称，目的是通过验血来判断胎儿患有唐氏症的危险程度，一般来说，在怀孕15周—20周期间，医生就会让你进行这项检查。

　　兔妈第一次孕检时，医生就告诉兔妈有几个可选的孕期检查，需要兔妈自己决定做还是不做。其中有个很重要的检查就是唐氏筛查。这个检查主要是检查宝宝会不会得唐氏综合症(也叫蒙古种型症、先天愚型)，如果一旦得上这个病，宝宝就会智力低下，外表畸形，发育迟缓，一般寿命也不长。

　　兔妈在怀孕的时候看过很多资料，现代医学研究证明，唐氏症胎儿并不是高龄孕妇的专利，虽然35岁以上的高龄孕妇与唐氏症有密切关系，并且年龄愈高，生出唐氏症患儿的几率也越大，但是年轻女性也有可能生出唐氏症患儿。兔妈看到过一组国外专家研究数据，只有20％的唐氏症胎儿出现在高龄孕妇，其他80％的唐氏症胎儿出生在小于35岁的年轻孕妇。所以各位准妈妈千万别以为只有高龄孕妇才需要接受唐氏筛查。

　　但是兔妈之所以纠结就在于，唐筛的正确性不高，也就是说如果宝宝正常，还是有40%的几率测出阳性结果。如果唐筛测出阳性结果，则需要做羊水穿刺来确诊，而羊刺手术有10%的几率会造成孕妇流产。即使唐筛结果是阴性，也有可能生出唐氏宝宝。

这样就导致，不做唐筛担心，做了唐筛还是要担心，万一得了阳性报告，还要承担做羊刺的风险……你说这是不是很折腾人？兔妈有个朋友，由于体质较差，在妊娠初期便孕吐得厉害，孕期营养跟不上，到了怀孕快两个月的时候，又出现了流产的征兆，吓得全家人陪她跑到医院里做B超，经过一番努力，孩子总算保住了，但是医生却要求她做次唐氏筛选检查。

本来兔妈的朋友以为这项检查不过是走走形式而已，因为她和老公身体都很好，两家祖上也没有什么遗传病，不过既然有这个孕期检查项目，就做一下，好让自己和家人放心，于是便抽空到医院做了检查。到了取化验结果的那天，医生却告诉夫妇两人，化验结果上的风险值非常高，需要做进一步的羊水穿刺检查!

OMG！面对着这样的检查结果，兔妈的朋友一度心情低落到崩溃边缘，但她决心保住胎儿，于是夫妇两人转移到另外两家大医院再做检查，幸好这次的结果所有数值完全都在安全范围之内，这才让一家人松了一口气。5个月后，宝宝顺利出生，在新生儿检查中，女儿的各项指标都非常正常。

　　那什么又是糖筛检查呢？作为过来人，在这么多的围产期检查中，兔妈特别想提醒一下各位准妈妈要重视糖筛检查。什么是糖筛检查呢？相信很多准妈妈对这项检查的名字都很熟悉。如果你到了孕24周—28周的时候，你去医院做围产检查，医生肯定会告诉你，要给你进行糖尿病筛查，简称糖筛检查。如果糖筛不达标的话，医生都会建议继续做糖耐检查，以确诊准妈妈有无妊娠合并糖尿病。因为怀孕期间的糖尿病对孕妇和胎宝宝的危害真的非常大，如果特别严重，甚至会威胁妈妈和宝宝的安全。

　　兔妈在孕26周的时候做了这项检查，和很多准妈妈有一样的经历：饿了12个小时，一大清早头晕眼花地去医院，灌了巨难喝的葡萄糖水，等了一个小时，抽了几大管子血，一番折腾后，却被告知血糖值超标了（血糖值≥7.8mmol为糖筛查异常）。之前怀孕的时候就在网上看到很多准妈妈都抱怨自己糖筛检查没过关，后来轮到自己检查时，也是指数超标，于是担惊受怕了一个多星期后，再次跑到医院做糖耐检查。谢天谢地，这次终于所有指数都在参考值范围内了。

　　为什么兔妈要如此隆重地费笔墨说糖筛呢？因为兔妈以身试法的结果表

明，糖筛很受罪，糖耐更受罪，多花钱不说，那个难喝到极点的葡萄糖水会让很多孕妇喝下去就吐出来，于是医生又会让你继续喝……想想，多么悲催的经历。另一个更主要的原因是，如果真的不达标，那么患妊娠糖尿病的可能性就比较大了，那就是个更悲催的事情。

网上关于糖筛检查的攻略不少，兔妈根据自己的经验，给姐妹们总结了以下几条：

1、检查前两周减少淀粉（面食）、糖分的摄入，不吃高油脂食品，尽量不吃含糖食品，就连水果都要限量，尤其是含糖量高的水果，如果实在想吃，就吃点猕猴桃、黄瓜、番茄等糖分不高的。多饮水并适度运动。饭后多散步以消耗掉过多的糖分。

2、糖筛或糖耐前一天，最好以吃清淡的素食为主，米饭也最好少吃。做个清炒苦瓜，降血糖。晚上8点以后不要进食，水也少喝。

3、喝糖粉的时候不要太快，慢慢喝，一点一点地喝，不要一口喝完，要在3到5分钟之内喝完。喝完后最好多走动，这样一个小时内能量会有所消耗，会帮助降低血糖浓度。

小贴士

无论是唐氏筛查还是糖筛查，都不是百分之百准确的。一旦检查单上出现上上下下的箭头，各位姐妹也不用太慌张，要有乐观的心情，当然最主要的还是听从医生的意见，必要时找大医院检查。

第四章

ANTENATAL

TRAINING

胎教篇

　　胎教不是准妈妈一个人的事，那么准爸爸们又该在孕期做些什么？各位新手上路的准爸妈，从你们计划创造新生命的那一天开始，胎教就是任重而道远的"事业"，它将一直伴随着你们迎接爱的结晶。

**Antenatal
Training**

不为胎教而胎教

其实小排和兔妈是两个固执的人，兔妈有个闺蜜曾经花了上万元去报名参加胎教培训班，那个闺蜜后来把她在培训班学来的那套胎教方式告诉了兔妈和小排，但是这个"天价"培训班的胎教方式让兔妈和小排都很排斥。倒不是小排和兔妈反感胎教，也不是舍不得为孩子花钱，只是兔妈和小排想把胎教变成爸爸妈妈和孩子之间最初的沟通，而不是带着功利和现实的目的，把它当成一个计划来完成。在这一点上，小排和兔妈总是坚定不移地站在同一阵地。

在埋头苦读了无数孕妇胎教书籍后，胎教在兔妈心中的地位越来越神圣。根据兔妈的读书心得，在怀孕期间，孕妈妈在日常生活中与宝宝的任何相处和互动都是胎教的一部分。兔妈的理解就是，胎教无时不能，无处不在。所以在本书开始之前，兔妈要先讲讲关于胎教的一些事儿，让一些对胎教还有误解的准妈妈，能认识到胎教对于宝宝和你来说，都该是一件快乐的事，而非负担。

1、胎教的目的是什么？

兔妈不知道大多数妈妈在看到这个问题的时候是啥答案，但是兔妈想最初的目的应该都是想让宝宝更聪明更健康吧。小排和兔妈都是普通人，所以不期望宝宝一出生就是个天才。怀孕的时候兔妈成天挂在嘴上的一句话就是，只要娃儿健康就行了。最夸张的是，兔妈在产房听到儿子啼哭的那一刻，第一反应是让陪产的小排快去看看宝宝的手指脚趾都是不是五个，现在想起来自己都是一头黑线。

话说回来，按照国外专家的研究，胎教的目的在于激发胎宝宝内部的潜力。所谓"胎儿都是天才"，并不是说胎宝宝都可以成为天才，而是指处在这个时期的胎宝宝都存在可以激发的潜力，他们已经能够接受教育，这也是胎教为什么如此重要的原因。

2、胎教从什么时候开始？

这个问题真的是见仁见智啊，兔妈翻了很多资料，有专家说应该从怀孕后的第一个月开始，也有的说要从怀孕后第六个月开始（他们认为宝宝在第五、六个月期间开始对外界有强烈意识，这个时候父母传达关爱最容易被感知）。

好吧，既然版本这么多，兔妈还是秉承"宜早不宜迟"的观念。兔妈在知道怀孕后，就抱着一颗平常心，虽然咱没有刻板地要求自己每天要和宝宝对话半小时，也没有为了宝宝而强迫自己听莫扎特，但是兔妈一直在内心深处肯定地告诉自己——"兔妈很好很强大，兔妈的宝宝有一个最健康的母体成长坏境。"

之前看多了身边的姐妹怀孕时一惊一乍的样子，全家人围着她团团转，其实完全没有必要，妈妈如果抱着一颗平常心，肚子里的宝宝也是会感知到的哦。

3、开发右脑就能生出天才宝宝吗？

虽然小排一直觉得自己脑大聪明，但是兔妈却觉得他那个大脑袋只是印证了"大头大头下雨不愁"这句话而已，加上兔妈深有自知之明，知道自己只是不折不扣的普通青年，所以兔妈一早就放弃了天才宝宝的想法。当然，如果宝宝将来能成为爱因斯坦那样的科学家，兔妈也是能够欣然接受的。

自打知道怀孕起，兔妈就深刻地认识到，很多事情是可遇而不可求的。对于很多胎教的书上都说胎儿拥有超能力，而这种超能力来自于右脑开发的说法，兔妈心里就打上了个大大的问号，超能力是啥？于是脑子里立刻闪现奥特曼大战小怪兽的画面。好吧，兔妈又开始天马行空了。

言归正传，说回宝宝的超能力，兔妈先来讲个小故事吧。1991年4月，日本的一个民间教育科研机构所属的"母亲中心"，通过一些年轻母亲对她们3—

4岁的宝宝做了一个调查，诱导孩子们尽量回忆出生前在母腹中的感觉，得到的回答令人惊叹不已。

"好像在鸡蛋壳里，挤得好难受，像皮球一样团成一团儿。""里面有棵树，围着它挺好玩儿的，它总是抓着我怕我掉下来。"这些三四岁的孩子对提问的含义未必能完全理解，但调查结果无疑揭示了目前尚鲜为人知的胎儿智能的存在。

在鹿儿岛市立医院的新生儿中心，专家们用一种"自然摇车"研究了新生儿对其面临的陌生环境的反应。出生之前的母体子宫内是个昏暗、安稳的小天地，随着母亲的活动，胎儿在羊水中摇荡，胎盘血流的汩汩作响造成一种舒适温馨的氛围。可一旦离开这里，作为婴儿置身于声光交汇、骤然降温的人世，他便显得不安起来，这时母亲大都不理解婴儿哭闹的缘由。可是若把他放到"自然摇车"上，里面接近子宫环境的氛围会使婴儿马上安静下来，模拟的血管脉动音，羊水的漂浮感，昏暗的小空间让他觉得又回到了记忆中的子宫。

据说通过仪器对胎儿眼球进行观察，孕30周的胎儿眼球出现规律性活动，同时伴随有口唇蠕动，到怀孕末期，这一变化明显地以50分钟为一周期交替出现。眼球活动时胎儿进入浅睡眠状态，相当于我们在梦中的情景。眼球活动频繁时便进入觉醒状态，这时，男性胎儿的小雀雀还会不时勃起。处在兴奋状态的母亲情绪因素使体内肾上腺素的分泌增加并通过胎盘传给胎儿，受其影响，胎儿便加快胎动。同样，胎儿也会通过这一沟通渠道给母亲传递信息。国外有种新观点，认为临产时孕妇子宫的收缩就是来自胎儿分泌的催乳激素的作用，这种激素的信息含义可解释为"让我到外面去"。所以国外有些专家认为宝宝出生的时刻实际上是由胎儿自己决定的。母亲与胎儿之间这种不可思议的双向沟通确实潜藏着胎儿意识上的能力。

宝宝的超能力听起来很神奇吧，在听了这个小故事之后，兔妈更加坚定了把胎教进行到底的想法。

4、父母的爱是一切的基础

　　大家都说孩子是父母爱情的结晶，现在生个宝宝，对每个家庭来说都是一件极为隆重的大事。兔妈刚怀孕的时候，一个姐妹就跟兔妈说，这是女人一生中最幸福的时刻。虽然妊娠反应可能让准妈妈寝食不安，但是家人对你的关心，以及孕育一个新生命所带来的成就感，足以在心理上弥补这些身体上的不适。

　　兔妈不是个矫情的主儿，咱家小排也不是韩剧里那些浪漫体贴的男猪脚，但是在兔妈顶着超大肚子的那段艰苦岁月里，小排对兔妈和胎宝宝的关爱程度，绝对可以打全五分。十月怀胎对准妈妈来说不仅是一个孕育生命的生理过程，也是一段艰辛的心路历程，在这个过程中实施胎教，对宝宝的父母来说都是爱心和耐心的挑战。父母能否坚持下来，能否充满爱心地与胎儿沟通、交流，是胎教最终能否成功的关键。父母实施胎教的爱心越强烈，胎教效果也就越好。所以在兔妈看来，父母的爱胜过去上昂贵的胎教班。

　　写到这里，兔妈忍不住说个题外话。作为女人，请一定一定要爱惜自己的身体。兔妈在怀孕期间看过一本书，里面有一篇文章至今让兔妈印象很深刻。记得在上大学的时候兔妈就看过一部纪录片，是一位医学博士拍的，叫做《无声的尖叫》。这部纪录片是讲述女性堕胎的，很多研究表明，胎儿在一个多月就对很多事情是有感觉的，所以"堕胎"是一件残忍的事情，目睹

孩子脑袋被手术钳粉碎的场景，虽然没有切实的感受，但是光是这样的镜头就让兔妈忍不住落泪，当然更让兔妈伤心的是后面因堕胎事故而坠入人生黑暗阶段的女人们。

兔妈有个同事，当年和老公认识没多久就同居了，而且很快就有了宝宝，由于未婚，所以放弃了这个孩子。然而就是这一次流产，让同事后来的怀孕变得无比艰难。后来两人结婚以后，同事再一次怀孕，结果一次短途出差就自然流产了，随后一拖N年，同事30岁以前想要当妈妈的愿望破灭了，最后不得已的情况下，两口子选择了人工授精，过程折腾不说，妈妈也遭了不少罪。说这事其实就想告诉姐妹们，妈妈的子宫就是土壤，而胎宝宝是种子，想要生根发芽，肥沃的土壤少不了。兔妈很庆幸自己顺利地与老公小排相识、相恋、结婚、生子，所以请姐妹们一定珍惜自己的身体，为自己，也为你的孩子。

结束这个沉重的话题之后，开始接下来的快乐之旅吧！

准爸妈要知道的胎教秘密

　　怀孕40周，宝宝在准妈妈的肚子里日复一日地茁壮成长，妈妈承担了孕育小生命的重要任务，但是有了准爸爸的关心和帮助，宝宝和妈妈都会更快乐。所以兔妈自打怀孕一开始，就向小排强调了他作为一名准爸爸的艰巨重任——辅助兔妈一起完成胎教大计，这让有着强烈上进心的小排同学瞬间觉得自己作用巨大无比，发展到最后，小排成了胎教计划的总指挥，经常指手画脚地要求兔妈做这做那，并且美其名曰这不都是为了胎教吗。

　　和大多数的准爸爸一样，小排是第一次当爹，记得兔妈告诉他马上要升级做爸爸的消息后，向来淡定的小排同学一脸的喜悦、感动和期待，还有些不知所措，最搞笑的是，小排还立刻换了兔妈电脑的桌面，换成一个可爱的大眼宝贝，说是为了不让儿子遗传他的小眼睛。这事后来还被兔妈嘲笑了整个孕期，直到儿子生下来，小排甚是得意——果然是个大眼。

相信所有的孕妈妈和准爸爸都知道，准妈妈在怀孕的时候要多听音乐，多看可爱baby的照片，多抽空与宝宝说说话，多散步，保持心情愉快等。这些小小的举动，不光是潜移默化的胎教，也是准妈咪在学习对胎儿表达母爱，让准爸爸尽早进入角色。

不过这些绝对不是胎教的全部哦，关于胎教，即将为人父母的新手爸妈知道下面这些胎教小秘密吗？

1、胎宝宝真的可以听到爸爸妈妈的说话声

国外科学家研究证实，在怀孕30—34周，80%的胎儿听到某种声音都会有心跳速度增快的反应，到了怀孕40周左右，几乎所有的胎儿对于声音都有心跳加快的反应。

虽然宝宝在肚子里，但是他对不同的声音会有不同的反应。兔妈当时怀着小小排的时候，就亲身感受到宝宝对外界声音有不同的反应。小小排胎动比较晚，当然也可能是兔妈比较迟钝，但是自从有胎动开始，小小排就是个不安分的娃儿，经常在妈妈肚子里左打一圈右踢一脚，每次小排看到兔妈的肚皮一跳一跳的时候，总是特别得意——有前途，一定和他爹一样有运动天赋。小小排很喜欢听妈妈的说话声。兔妈白天也比较闲，所以很喜欢在阳光明媚且心情愉悦的时候，轻轻地摸摸肚皮，用温和的声调和宝宝说话，比如早晨起床告诉宝宝今天天气怎么样，吃饭的时候告诉宝宝今天妈妈吃了哪些好吃的食物，晚上下班的时候伸个懒腰告诉宝宝，今天忙碌的工作终于结束了……虽然小排总是嘲笑兔妈成了话痨，但是小小排每次都会从躁动不安迅速安静下来。最有意思的是，有时候兔妈轻轻拍拍肚皮，小小排会在肚子里面和兔妈遥相呼应，用力地顶一下兔妈拍过的地方。其实他是在用他独特的方式来告诉你，他爱听妈妈的声音。相信这种感觉每个做过妈妈的人都有体会。

其实如果孕妈妈坚持和宝宝说话，他就会对你的声音产生安全感。当然宝宝也有讨厌的声音，比如小小排就特别讨厌大街上汽车的喇叭声，还有家里狗狗的狂吠声，因为他每次都会急促地踢着妈妈的肚子来抗议。小排有时候会无聊地问兔妈："你怎么知道他踢肚子是表达讨厌而不是喜欢呢？"好吧，回敬他八个字：只可意会，不可言传！

2、母爱是最好的胎教

宝宝生下来以后，兔妈终于体会到了"养儿方知父母恩"。当妈以后，宝宝最需要你付出的是爱心与耐心。从胎儿在你的身体里"扎根"那一天起，你就得和他"谈情说爱"，使用爱的语言，充满爱的心情，传递爱的信息。

胎儿宛如初生的"心芽"，而孕妈妈则像培育"心芽"的大地，为了让胎儿得到最完整的爱，准爸爸也要以温柔的爱心来体贴自己的另一半。

与你的胎儿保持"心"的接触吧！让他每一天都能得到充足的母爱。

3、"第一天"胎教很重要

也许有人要问：究竟什么时候才算是第一天呢？按照妊娠周数的算法，名义上妊娠的第一天就是最后一次月经开始的第一天。

在兔妈看来，这是个多么不现实的说法。其实，所谓的"第一天"，你可以将它当做你想要孩子的那一天。

从"第一天"起，准妈妈和准爸爸都要注意身体的健康状况，保持生活规律，以喜悦的心情迎接一个新生命的来临。

小贴士

　　怀孕妈妈在准备实行各种胎教前，要对胎教有正确认知：平常孕妇就应多吸收这方面的资讯。在选择胎教的方法上，可以多参考，但无须勉强自己，挑选自己做得到的以及感兴趣的去做就可以了，千万别因为刻意去做胎教而影响了自己的心情及正常作息，那样就适得其反了。

吃好一个人，营养两个人。为了宝宝能健康地发育，孕妈妈需要摄入不同的营养素，不过孕期饮食绝对不是越多越好，不同的阶段补充营养的原则大有讲究。

胎教之初吃什么？

英国著名的营养学家克拉福德教授指出，人脑的大部分是在胎儿发育时期形成的，一个人的脑结构是否完善，其智力水平的高低在母腹中时就受母亲所摄入的食物影响。西方许多国家所谓"星期日孩子"、"星期六孩子"和"狂欢节孩子"都是由于父母酗酒纵欲怀孕所造成的畸形儿或呆傻儿。那么孕期的饮食原则究竟该如何来掌控呢？胎教之初又该吃什么呢？

兔妈是个十足的肉食动物，在上大学以前几乎是不碰蔬菜的挑食客。经过四年艰苦大学生活的锻炼，总算开始往杂食动物的方向发展了，但是"我要吃肉"却依旧是每次饭前吃货兔妈经常唠叨的一句口头禅。

本来做个肉食动物也没碍着大家什么事，这年头吃肉也没比吃蔬菜多花几个钱，可是一听到兔妈怀孕的消息，兔妈的妈咪爹地立刻开始如祥林嫂般在兔妈耳边轮番轰炸："不要挑食，要注意营养均衡！"小排同学更是喋喋不休地唠叨："你都快当妈的人了，怎么能挑食呢？万一以后宝宝也挑食，你连教育都没法教育啊，他一定会顶嘴说你看妈妈也不吃蔬菜的。"这都哪儿跟哪儿呀，八字都才有一撇呢，小排居然想得如此遥远。好吧，谁让咱怀的是小兔子呢，谁让小兔子爱吃萝卜爱吃菜呢！于是兔妈开始了漫长的食谱更改期，每次吃饭面对两盆堆在面前的蔬菜，兔妈总是默念咒语：我是兔妈，我爱吃菜。

相信每个生过宝宝的妈妈都有经验，现在的医生绝对是建议孕妇多吃菜少吃肉，注意营养的同时要控制体重。这年头大家条件都好了，除了极个别妊娠反应特别严重的妈妈会有营养不良的现象，现在的孕妇基本上只有吃多吃胖的份儿。

兔妈在怀孕前是个减肥达人，要知道对于一个吃货来说，减肥是件多么纠结的事，所以当兔妈得知自己是孕妇以后，一想到从这一刻终于不用担心吃多长肉，不用害怕肚子鼓起的美事，兔妈就开始走上放开肚子做吃货的道路。结果杯具的是，怀孕两个多月就疯长了十斤肉。其他孕妇此时还看不出小腹隆起，兔妈却连之前的衣服都穿不下了。在三个月做B超时，天真的兔妈还问了医生：是不是自己的宝宝特别大。结果医生头也不抬地摸了摸兔妈的肚皮说：这么软，都是脂肪啦！顿时兔妈一头黑线，于是研究各种孕妇食谱，本着因人而异的原则，将它们重新混搭，在接下来的孕期里，大肚子兔妈不得不改变原来的饮食习惯，开始多吃菜少吃肉，绝对算得上是个不偏食不挑食的好榜样。那么孕妈妈究竟该吃啥呢？是不是什么都能吃？吃什么才能对宝宝有好处呢？

网上孕妇食谱大全版本众多，兔妈从中挑选一些推荐给大家，这些基本上都是生活中常见的，且深受广大姐妹喜爱的食物。富含维生素C的水果蔬菜、蜂蜜、鱼类、黄豆芽、鸡蛋、冬瓜、南瓜、马铃薯、动物肝脏、核桃芝麻等。这些食物虽然很普通，但作用可是大大的，譬如鱼类可以避免胎儿脑发育不良，当然准妈咪在选择鱼类的时候尽量选择不可能被污染到的海域，最好是新鲜一点的，再比如黄豆芽能够促进胎儿组织器官的建造，南瓜可以预防妊娠水肿和高血压，马铃薯可以减轻孕吐反应，动物肝脏能够避免发生缺铁性贫血。

每个人口味不一样，所以上述食物各位姐妹可以按照自己的喜好选择搭配。在整个孕期，兔妈身上并没有发生食物喜好大逆转的现象，所以兔妈还是按照自己一贯的饮食来自创孕妇餐。在这些食物中，兔妈大爱鱼肉和水果，对于动物肝脏则是完全接受不了，所以就没有强迫自己尝试。

一般来说，兔妈每天早晨起床的一杯蜂蜜是雷打不动的，以前睡懒觉的习惯也被规律早餐代替了。兔妈比较钟爱自制早餐，所以白粥、鸡蛋、豆浆基本上成了兔妈孕妇早餐里的主角，尽量减少油条、煎包等早点的出现频率；在上午十点左右，兔妈都会加一顿水果餐，建议各位准妈咪选择当季水果；工作日的午餐，兔妈基本上是在单位食堂解决的，反正自家食堂基本上每天就是这么几款菜品，所以兔妈只能做到一荤两素加米饭的搭配原则；下午兔妈基本上会喝点酸奶，吃点水果，如果实在饿得慌，就在食堂加餐面食——馄饨、面条都是不错的选择；晚上，兔妈和小排都会选择在家吃。家里的厨房是自打兔妈怀孕开始才真正发挥功能的，小排虽然厨艺不佳，但是胜在热爱钻研，所以每次下厨前百度一下菜谱对他来说是必须的。当然兔妈有时候也会偷偷跑出去吃一次辣到掉眼泪的川菜，虽然小排一再严令禁止，但是那个过瘾的辣味却让兔妈每次想到就流口水，不过建议各位准妈咪还是少贪食这些刺激性食品。兔妈一般不吃夜宵，因为总觉得影响晚上的睡眠和肠胃休息，而且一吃下夜宵，脑子里就会浮现肚子上的脂肪在层层堆积的场面，顿时就没了胃口。

说完了该吃啥，顺便说一下哪些不能吃的吧。容易造成流产的食物有螃蟹、甲鱼、薏米、马齿苋等，各位孕妈妈就忍忍吧，等宝宝生下来再大饱口福，加倍补吃回来。除此之外，还有一些对胎儿有害的食物，各位姐妹也要注意了，除了大家都知道的烟酒、咖啡外，还有罐头食品、山楂、腌制食品、浓茶以及各类饮料。

一般来说，孕妇整个孕期体重增加20至30斤都在标准范围内，兔妈虽然前期体重增加迅猛，但是经过调整饮食结构后，后期的体重变化还是在控制范围内，这多少为后来的顺产打下了基础。毕竟孕妇吃太多，宝宝个头太大，最终吃苦头的还是各位妈妈。

小贴士

孕妇40周食谱

第1周，以米食为主，辅以青菜、海产品。因这一时期的营养与胎儿大脑发育有关。

第2周，以米食为主，增加猪肉、鸡蛋。这一时期的饮食与胎儿的脊髓发育有关。

第3周，适量增加面食，特别是玉米面、白薯面及其他淀粉食物，这是在为胎儿的皮肤发育做准备。

第4周，大量吃鸡蛋，为胎儿的毛发发育做充分准备。

第5周，饮食与第4周相同。

第6周，孕妇要多食海带，其他食物自便。这是为胎儿大脑发育着想。

第7周，大量食米及豆类，尤其是豆腐，为胎儿的肉质发育做准备。

第8周，饮食与第4周一致。

第9周，大量吃鱼。这一时期的食物与胎儿的乳腺发育、眼球发育有关。

第10周，可以少吃鱼肉，多吃菜，以保证胎儿的皮肤膜发育正常健康。

第11周，大量吃牛肉、羊肉、鸡肉。这一周是胎儿突飞猛进的发育时期。

第12周，大量饮用白开水。主要是从胎儿肉质发育方面考虑的。

第13周，依然需要为胎儿的肉质发育提供营养，多吃黄豆、青豆、角豆。

第14周，大量食用土豆等淀粉食物，包括白薯、藕。这一周是胎儿内分泌初期发育阶段。

第15周，多吃鱼、虾等海产品。主要是从胎儿的生殖器发育着想。

第16周，大量吃面食。其余自便，因这一时期胎儿的外型发育略有停顿。

第17周，多吃米，尤其是小米、高粱米。胎儿在这个时期内变化不大。

第18周，大量吃肉、鱼、虾，还可以吃海参、贝类等海产品。对胎儿心脏发育有利。

第19周，以吃面食为主，注意多吃青菜。这时期胎儿的营养需求量增加。

第20周，多吃青菜、水果。尤其是香蕉、苹果、桃等。对胎儿的皮肤生长有益。

第21周，吃米，各种米类。少吃肉。这是为胎儿神经初期发育做准备。

第22周，大量吃鱼、肉、蛋。这一时期羊水物质多于以往。

第23周，要多吃豆类、花生、核桃、松子。当然是为胎儿大脑的整体发育着想。

第24周与第25周，是胎儿发育又一高潮阶段。这一时期，孕妇要尽量多吃食物。尤其是酸味水果、辣味蔬菜，包括日常不大喜欢吃的食物。这个时期的饮食，越丰富多彩越好。

第26周，猪肝、猪肠、猪肚，或者是羊与牛的内脏。这周胎儿的心脏发育突出。

第27周，没有特别要求，孕妇自便。

第28周，要大量吃鱼类。尤其是海鱼及一些胶质食物，像肉皮、牛筋等。因这些食物对补充母体的营养有利。这段时间内胎儿手足发育明显。

第29周，与第28周的饮食相仿。第29周的孕妇自身体质有所减弱。

第30周始，孕妇的牛奶量需要加大，可以吃高浓度的奶粉食物。除此之外，青菜需要量加大，特别是胡萝卜、白菜。

第31周同第30周，第31周胎儿身体神经开始生长。

第32周，是一个特别的时期，这段时间内要少吃鱼腥食物，而大量食用菌类、豆腐及粉丝和少量牛肉。原因在于这一时期是胎儿脑神经的突出发育期，鱼腥食物的蛋白质经母体转换之后，容易产生一种微量的酸性毒素，对胎儿脑神经有害。

第33周，孕妇的食量自然增大。这段时间内，胎儿的肾、肝、胃的胎功能明显，特别是随着胎儿血液的增长，孕妇爱吃零食。第33周有条件的话，适量进补，像少量人参、杜仲皆可。

第34周，要多吃鸡、鸭、鱼、蛋。这一周胎儿的手足神经发育明显。五官发育也超过其他时期。

第35周、第36周、第37周，没有专门的食物要求，孕妇自定。

第38周，可以吃酸味水果，因为这一段时间内，胎儿的泌尿系统发育突出。

第39周，大量进食水果，以米食为主，还要吃肉、蛋等食物，为胎儿的出生做充分准备。

第40周，是最后一周，这段时间孕妇要少吃鱼腥食物及肉食，多吃青菜，增加产力。

从怀上孩子的那一刻起，随心所欲的生活就会渐行渐远，不是刻意而是习惯。其实每个妈妈都或多或少为孩子牺牲了自己的自由，但，这只是一个开始。

夜猫子的规律生活

在当妈妈以前，兔妈是个追求极度自由的人，会因为要帮朋友写个策划而忙一通宵，也会因为多年不见的朋友来访而夜宵到天亮，再加上兔妈那个异于常人的工作时间，反正兔妈的生物钟只能用混乱不堪来形容。这种追求自由轻松的性格在怀孕期间没有刻意地去改变，但是因为有了宝宝，兔妈不得不做一些时间上的安排，毕竟兔妈当时很担心万一生了个日夜颠倒的娃儿，家里人该有多遭罪啊，于是制定一个作息表成了时不我待的事。

虽说兔妈不是朝九晚五的上班一族，但是兔妈发现自己身边很多工作时间规律的姐妹都没有兔妈的孕期生活习惯好，所以忍不住把孕期作息表贴出来供各位准妈妈参考一下。

上午（兔妈很自由，不用去上班，可以在家做一些喜欢的事或者做一些家务）

7:30 闹钟响（其实都无须闹钟，孕妇这个时候肯定会被憋醒），顺便把前一天晚上淘好的米扔进电饭锅煮粥，然后继续回到床上，把小排喊醒，让准爸爸隔着肚皮跟宝宝打个招呼，摸摸肚子或者顺便说几句话向宝宝问好，哪怕一句"早上好，宝贝"也可以。

8:00 赖床结束，起床洗漱，等兔妈收拾好自己，电饭锅里的热粥也可以开吃了，小排会陪兔妈一起吃早餐，兔妈会边吃边告诉宝宝吃了啥。

8:30—9:00 早餐结束，收拾一下餐具，小排准时出门上班，临走前他会摸摸兔妈的肚子跟宝宝拜拜，然后跟兔妈来个Goodbye Kiss。如果天气晴好，兔妈会和小排一起下楼，带上家狗球球在小区里遛弯，时间在半个小时左右。一路上，兔妈会自言自语地和宝宝唠叨几句：比如今天天气如何，路上又遇到了隔壁三楼的老太太之类的，偶尔心情特好，兔妈也会哼哼歌。

9:30—11:00 自由安排　洗洗衣服、打扫房间、看书报杂志、上网……基本上，这段时间兔妈都会开着音乐，做以上这些琐事。

11:30 兔妈会出门去单位，因为家里没有大人来照顾兔妈，所以午餐兔妈选择在单位食堂简单解决，一般午餐时间在中午12点左右。

下午

12:00 吃完午饭，兔妈有那么一两个小时的时间可以小睡一下，但是兔妈生来劳碌命，只能在躺椅上睡半个小时，接下来的时间要么找同事一起聊聊天，要么自己出门在单位附近散会儿步，或者捧本小故事书给胎宝宝讲几个小故事。

在这里要加条华丽丽的分割线，如果你是全职太太或者和兔妈不一样的朝九晚五族，以上的作息仅供参考。

14:00 —17:00 工作时间 兔妈一般在这个点开始进入工作状态，不过下午的工作相对比较轻松，兔妈偶尔可以听个音乐偷个小懒。

兔妈的工作和大多数白领差不多，就是成天端坐在电脑前，所以建议各位姐妹每隔一个小时左右起来走动一下，倒杯水上个厕所，孕妈妈也可以跟宝宝随时汇报一下。

17:00 休息 忙了一下午，这个时候可以听听音乐，等待晚饭时间。如果小排有时间给兔妈做晚饭，那么兔妈这个时候就开始收拾东西准备赶在晚高峰来临前回家吃饭；如果小排没空，兔妈就只能继续吃食堂，或者偶尔偷吃一下被小排严令禁止的川菜。

18:30 晚饭结束，散步时间到。不管是在家吃饭还是在食堂吃饭，散步是兔妈每天的必修课。一般时间持续在一个小时左右，这个具体可以看孕妇的情况，兔妈有个朋友每天散步两小时，最后送进产房两个半小时就顺利生完了娃，当时兔妈就是以她为榜样和动力，督促自己每天坚持散步。

19:30—23:30 兔妈一天中最忙碌的时刻就来了，因为是孕妇，兔妈受到的特别待遇就是领导会尽量早地让兔妈早点回去休息，一般来说兔妈能在零点到来前躺上床。下班回到家，兔妈基本上已经没有什么精力来进行胎教了，洗洗睡吧是对宝宝最好的胎教。

兔妈在这里想啰唆一句，很多朝九晚五的孕妇姐妹，虽然晚上有大把的时间可以和宝宝交流，但是很多姐妹却在上网看电视中度过了漫长的十个月，兔妈身边更有朋友每天睡觉都在12点以后，这在兔妈看来，是何等的浪费。要知道，像兔妈这样的孕妇是有多羡慕你们晚上不用夜班的生活啊。

鉴于兔妈的生活作息不具备代表性，所以兔妈建议各位孕妈妈根据自己的实际情况来安排自己孕期的胎教生活。

小贴士

最适合自己的方法永远是自己摸索出来的，当一个好妈妈其实是一个学习的过程，其实很多事儿都可以在不刻意的情况下变成胎教。

音乐胎教，几乎所有的准妈咪都很熟悉。舒缓的音乐，对于心情紧张、失落有很好的平复作用，可是你知道每个孕妈妈都有适合自己和宝宝的胎教音乐吗？

让妈妈和宝宝一起放松心情

美国依斯特曼音乐学院的教授朵拉德·谢特勒在多年前曾做了一个著名的胎教实验。实验组的胎儿从怀孕5个月一直到出生，每天听特定的古典音乐两次，每次5分钟，而对照组胎儿则不接受音乐刺激。孩子出生后，谢特勒每隔一两周就去拜访实验中两个组别所有的父母和孩子，这种访问一直持续了10年。在长达10多年的研究中，谢特勒发现音乐胎教组的儿童比对照组的儿童提前3～6个月开始说话，而且他们有更多的音乐天赋，学习也更好。他因此认为音乐胎教对儿童语言和音乐等方面的认知力发展有显著的影响。

这样的案例听多了，所以在怀孕之前，兔妈对于胎教的认识就仅限于音乐，可见胎教音乐已经成了最为普及的胎教方式。不过根据国外专家的研究，"胎教音乐"这个词其实并不太准确。为什么呢？因为很多舒缓的音乐，对于心情紧张、失落都有很好的平复作用，但却不是每个孕妈妈都适合的。

就说兔妈自己吧，兔妈是个急脾气的天蝎女，做事喜欢雷厉风行，内容舒缓、曲调悠扬的古典音乐向来不是兔妈的菜，但是市面上很多胎教音乐的碟，基本上都是这一系列的。一开始小排也在网上给兔妈下了很多莫扎特系列的胎教音乐，基本上一曲还没放完，热情似火的兔妈已经不胜其烦，直接点了播放器右上角的小叉叉。

　　难道像兔妈这样的急性子就不用音乐胎教了吗？非也。兔妈亲身经历告诉大家，其实每个妈妈和宝宝都有自己的喜好，准妈妈与其花了冤枉钱去买各种各样的胎教音乐光盘，还不如根据自己和宝宝的喜好去选择适合的音乐，下载到电脑上慢慢听。

　　混迹江湖这么多年，兔妈算得上是朋友圈中的K歌达人，怎么说也是个音乐爱好者吧。既然不喜欢古典音乐，那咱就通俗点吧，儿歌这个可以有，而且这类人见人爱、朗朗上口的小曲子必须有。即使没有音响、电脑、MP3，准妈妈自己也可以边干活边哼唱，让宝宝尽早熟悉妈妈的歌声。于是兔妈开始了每天在各种稚嫩的童声歌谣中起床、早餐，开始新一天的日子。一个星期下来，《小毛驴》、《美丽小世界》、《两只老虎》、《小星星》、《十个印第安小男孩》等中英文儿歌兔妈信手拈来。

　　流行歌曲呢？兔妈觉得这个也可以有。所以每天上班空闲之余，兔妈就

开着QQ音乐，什么周杰伦、S.H.E、黄小琥、潘玮柏……兔妈一一不放过，只要平时爱听的，不是特别刺激、吵闹的音乐，都是可以的。其实胎教音乐的终极目的，就是为了让妈妈和宝宝都身心愉悦，那只要自己爱听，有什么不可以呢？当然这里兔妈还是要友情提醒一下，太过刺激的噪音（音乐或者电视节目，以及父母的吵架声，这里统称为噪音），会让胎儿感觉到不安，这样的不安会表现在新生儿哭闹，以及长大后某些叛逆的表现，所以各位准妈妈在怀孕的时候还是放弃那些先锋摇滚音乐吧，尽量选择以正面、温和的音乐为主。

此外还有以下三点需要注意的地方：每次听音乐不超过20分钟，每天1—2次。孕妇距音箱1.5—2米，音箱的音强在65-70分贝；如果用耳机在孕妇腹壁放音，则耳机处为60分贝即可。胎教音乐声音过大或者过频繁地听胎教音乐，可能造成孩子失聪，所以家长们一定要小心啊！

小贴士

胎教音乐大搜罗

弦乐小夜曲——莫扎特

摇篮曲——莫扎特

抒情圣笛五重奏——莫扎特

嬉游曲——莫扎特

午夜的月光——莫扎特

安睡吧小宝贝——莫扎特

第21号钢琴协奏曲——莫扎特

土耳其进行曲——莫扎特

D大调回旋曲——莫扎特

B大调钢琴奏鸣曲——莫扎特

第40交响曲——莫扎特

D大调双钢琴奏鸣曲——莫扎特

A大调短笛协奏曲——莫扎特

一个音乐玩笑——莫扎特

费加罗婚礼——莫扎特

圣母颂——巴赫

献给爱丽丝——贝多芬

宝宝睡着——舒曼

夜曲——神秘园乐队演唱

第二号管弦乐组曲——巴赫

天赐恩宠——约翰·牛顿

梦幻曲——舒曼

春之歌——门德尔松

玩具兵进行曲——莱昂·耶塞尔

月光曲——贝多芬

好孩子呀（日本动画片《花仙子》片尾曲）——小林亚星

D大调卡农——帕赫贝尔

神秘园之歌——神秘园乐队演唱

Ps：除此之外，还有很多可以选择的类型，比如纯音乐，萨克斯风，神秘园乐队的其他一些曲子都是不错的选择，但是兔妈小时候听多了萨克斯风，上学的时候听多了神秘园的曲子，所以对此类音乐不是特别感冒。

胎教英文儿歌大搜罗

It's a small world 小小世界

Ten Little Indian Boys 十个印第安小男孩

Row Your Boat 小船摇啊摇

In the Good Old Summertime 在曾经美好的夏日时光中

The Man On the Flying Trapeze 秋千上的男人

Twinkle Twinkle Little Star 一闪一闪小星星

Brother John 两只老虎

Do Re Mi 哆来咪

Old Macdonald 老麦克唐纳

If You Are Happy 如果感到幸福你就拍拍手

London Bridge 伦敦桥

　　自己动手画画来胎教，这个很靠谱！没有
大师带你入门？No problem！自学成才，随手
拈来，你就是胎宝宝的神笔马良。

准妈妈的"绘画事业"

　　绘画胎教，顾名思义就是自己动手画画来达到胎教的目的。很多准妈妈要开始纠结了：我没有绘画基础，连小猫小狗都画不像，就这水平不会误导肚子里的宝宝吧？其实大家完全没必要担心这些，因为兔妈和大家一样，从小到大连个绘画辅导班都没有上过，自己的水平依然停留在小学阶段，最拿手的作品就是一轮红日+一座瓦屋+一颗大树+N多杂草。不过这完全没有打击兔妈勇于尝试绘画胎教的热情。

　　如此没有绘画天赋的兔妈又是怎么会想到用这一招来胎教的呢？这还是因为兔妈一个朋友的指点。话说兔妈这个朋友是个80后的美女画家，最擅长的就是山水画。80后的小姑娘不爱逛街泡吧，却爱上了画画，还是山水国画，那自然是有点功力的，最起码她成功说服了兔妈这样的画画盲勇敢地拿起画笔。当然，这位80后美女并没有打算将自己多年的国画心得传授给兔妈（因为她深知兔妈不是此料），不过她经常会跟兔妈唠叨：什么运用视觉胎教法中的绘画胎教，自己动手作画吧，什么在雪白的画纸上将自己的感情表达出来呀……每次兔妈听得都是云里雾里，真怀疑她到底是妇产科医生安插在国画圈里的"无间道"，还是画家圈跑去妇产科兜生意的。不过那个时候，兔妈对于胎教是很有觉悟的，既然没有害处，那为啥不尝试一下呢？于是立刻拜师，要求入门。

　　事实上，绘画胎教的确没有大家想象的那么难，像兔妈这样小学水准的孕妇也绝对可以轻松完成。各位孕妈妈记得每次下笔前，心中默念三遍要诀：这不是要拿给别人欣赏的作品，咱不求完美，咱但求快乐，爱咋咋地！然后提笔信手涂鸦，绝对让你毫无心理压力（各位完美主义准妈妈千万别拍兔妈哦）。

　　说了这么多的废话，那么就让大家看看兔妈这个被美女画家提携过的初级入门者是怎么给自家宝宝上画画启蒙课的吧。绘画胎教对于兔妈来说，其实是讲究水到渠成的，就好像兔妈那个画家朋友不会天天提着画笔来作画是一样的道理，兔妈也不是每天都搞创作的，一来没有那么多时间，二来实在苦于画技太差。所以，偶尔兔妈要是突然感觉到灵感降临了，肯定立刻抓起身边的笔和纸，尽情写意一番。兔妈曾经看过一个调查称，在进行视觉胎教时，准妈妈可以尽可能多地接触不同的色彩和素材，比如可以尝试着用蜡笔颜料或者彩色铅笔绘画，蓝天、白云或是孩子漂亮的面庞等都可作为素材，甚至可以对着从医院带出来的B超图片画一画胎儿的模样。

在兔妈爱上绘画胎教后，球球成了兔妈御用模特。音乐听过了，故事讲完了，电脑电视看厌了，怎么打发时间呢？好吧，唤一声"球球过来"，然后就看家狗傻傻地蹲在脚边，一脸无辜的表情，兔妈就会无比满足地在A4纸上以一个圆圆的圆圈起笔，开始野兽派大创作。可怜的球球，从一只有着一半比熊血统的帅狗，被兔妈活活画成了一只小怪兽。

除了画球球，兔妈最喜欢的场景就是在一个阳光明媚的午后，坐在西湖边的富有小资情调的咖啡厅里，点上一杯最爱的花茶，然后望着波光粼粼的湖面，画着北山路上一幢幢年代久远的老别墅。每次随手涂鸦的时候，脑子里总是蹦出"淡妆浓抹总相宜"这样的佳句，西湖很美，怎么画都很美。兔妈不禁歪歪自己的宝宝诞生在一个如此美丽的城市，一定有个美丽的人生。

比起作品的好与坏，兔妈觉得，孕妈妈们更应该关心的是，在画画的时候是否一直保持一颗平和的心，是否有着与宝宝共同参与的感觉。其实生活中的点点滴滴，都可以运用绘画、涂鸦的方式，把自己在其中获得的美感和快乐讲述并传递给肚子里的宝宝，既振奋自己的心情，也更好地感染肚子里的宝宝。当然如果孕妈妈平时就经常进行艺术鉴赏，或者有一定的绘画基础，那么绘画胎教就会变成信手拈来的一种习惯，而这种习惯在进行胎教时就可以提供很大的帮助。

当然除了自己动手，兔妈也很乐意去美术展、摄影展凑凑热闹，顺便提高一下自己的艺术修养。杭州所有的美术馆、博物馆几乎都是免费的，这让兔妈的绘画胎教接近零成本，这么好的事儿，精明的兔妈怎么会错过呢？于是，杭州的每个美术馆里都留下过兔妈这个孕妇的足迹。还记得有一次在西湖美术馆看一个画展时，旁边的一位游客还跟兔妈打趣说："这孩子估计是抱着做画家的梦想来的。"好吧，兔妈不得不澄清一下，咱真的没这么功利，不管是过去还是将来，兔妈都不想以爱的名义，把自己的意愿安在小小排的身上。兔妈之所以去看画展、摄影展，只是冲着美术馆幽静的环境和自己喜爱的艺术作品，仅此而已。

兔妈并不赞成那些平时不喜欢图画的孕妈妈执意去美术馆，如果对此完全没有兴趣，那挺着个大肚子跑去看自己完全没有兴趣的作品，是多么遭罪的一件事。每个人喜欢的风景都不同，因此重要的是挑选每个人真心喜欢的风景。绘画胎教的核心是让孕妈妈看到平素一直希望看到的风景，从而感到身心愉悦，让胎儿跟着你雀跃不已。

小贴士

　　有研究证明，绘画胎教就像接受心理治疗一样，可以达到释放内心情绪的目的，这种能够缓解压力的活动所起到的胎教效果比鉴赏画作高出数倍。所以各位妈妈千万别抱着强迫自己作画的心态，请带着愉快、自愿的心情参与这项活动吧。

在怀孕30—34周时，80%的胎儿听到某种声音都会有心跳速度增快的反应，到了怀孕40周左右，几乎所有的胎儿对于声音都有心跳加快的反应。如果孕妈妈坚持和宝宝说话，他会对你的声音产生安全感。

宝贝，请你听我说

　　兔妈是个不折不扣的话痨，所以语言说话胎教法简直是为兔妈量身定做的独门秘笈。之前兔妈贴上的作息表已经说明了兔妈上午是很闲的，但是家里白天没人聊天的现实，对于兔妈这个话痨来说是件多么憋屈的事儿。在没有怀孕之前，球球当仁不让地成了兔妈的吐槽对象，而怀孕之后，宝宝自然成了最佳人选。

　　无数的过来人曾告诉兔妈这样一个事实：宝宝最爱听妈妈的声音，那会让他有安全感。那么好吧，宝贝儿，你该感谢上天赐了一个话痨老妈给你!

　　其实语言胎教说白了就是让父母用亲切、生动、形象的语言与胎儿对话，让孩子在肚子里的时候就感受到与父母之间的亲情。研究表明，父母经常与胎儿对话，能促进宝宝出生以后语言方面的良好发育。对于这一点，兔妈和小排是深信不疑，这就好比如果没有给一台电脑输入信息，管它是苹果还是索尼，也只会是一部空壳机器。

关于语言胎教，兔妈的心得是首先要告诉胎儿一天的生活，从早晨醒来到晚上睡觉，你或家人都做了什么，想了什么，有什么感想，说了什么话。胎儿在腹中是可以"学习"的，这听起来好像不可思议，但研究证明，胎宝宝的确有学习能力，只是胎宝宝这时候的学习不同于出生后的学习，只是准爸爸准妈妈通过语言对孩子的一种潜移默化的影响而已。

那个曾经上过天价胎教班的闺蜜告诉兔妈，胎教班的老师就曾经教过语言胎教法，闺蜜上完课的感受就是，这既是一般的常识课，也是母子共同体验生活的一个方法。举个最简单的例子，也是兔妈自己每天都会唠叨的话题之一。每天早晨起来，准妈妈和准爸爸都可以先对胎宝宝说一声"早上好"，告诉他新的一天已经到来了。起床拉开窗帘，看到太阳升起来了，阳光洒满整个屋子，这个时候你可以告诉宝宝："今天是一个晴朗的好天气。"关于天气，可教的还有很多，像阴天、下雨、大雾、下雪等，此外，外界气温的冷热、风力的大小、温度的高低等都可以作为胎教的话题。另外家人每天习以为常的行为，在胎教里也是绝好的话题，比如为什么早晚要洗脸、刷牙，爸爸为什么刮胡子，妈妈为什么要化妆，肥皂为什么起泡沫，吹风机为什么能把头发吹干……即使一个小小的洗手间，也有足够的话题让你不间断地每天更新。

　　兔妈是个美衣控，每天出门上班前总是要在穿衣镜前至少逗留十分钟，哪怕怀了孕也不例外，所以每天跟宝宝聊聊俏妈咪的穿衣打扮经也是固定节目。兔妈喜欢瞅着镜子里的胖妞，一边欣赏日渐增大的肚子，一边告诉宝宝今天自己又穿了刚败的孕妇裙。当年没怀孕的时候，小排总是忍受不了兔妈的臭美劲儿，不过经过多年的调教，小排同学已经彻底觉悟了，所以在兔妈怀孕期间，他总能不顾肉麻，跟着附和道："宝贝儿，你有个超级爱美的妈咪，生了你以后她肯定是个潮妈，你肯定是个潮娃，不过……就是你妈是潮妈里的胖子……"于是，抱枕、拖鞋以及不明物体开始纷纷降落到小排的头顶。

　　怀孕五个月的时候，兔妈给小排下达了新的指示："据说爸爸的声音因为频率比较低，更容易被肚子里的宝宝接受。所以，以后你要注意了，要开始给宝宝讲故事哦！"

　　"哦！"小排同志正在看《人间正道是沧桑》。

　　"那你准备给宝宝讲什么故事呢？"

　　"这个……"他终于转过身来，仔细地思考了一下。然后趴低，对着兔妈的肚子就讲了起来——

　　"一天，熊熊和兔兔一起拉便便！熊熊问，你掉毛吗？兔兔说，不掉。熊熊拿起兔兔擦屁屁……好了，宝宝，今天爸爸给你讲的故事讲完了！我们明天再讲！"

晕……在被兔妈判定为不合格后，他又思考了一下，开始讲了第二个故事——

"猴子和长颈鹿恋爱了很多年之后，终于结婚了。可是，他们没两天又离婚了。办事处的人问原因，长颈鹿老大不情愿地说，还结婚呢，连亲个嘴都那么累！"

兔妈彻底晕翻……

"你怎么可以这样做胎教！"

小排一脸无辜："呃……有关系吗？不就是让宝宝熟悉爸爸的声音吗！"

"可是说的都是什么乱七八糟的！什么便便，什么亲嘴！"

"呃……反正他也听不懂啊！"

兔妈无语。

拿起身边的一本《格林童话》，翻到了《丑小鸭》，扔给小排："你以后就读童话好了！我前面已经读了几个了！"

小排坏笑："宝宝懂什么是丑小鸭什么是天鹅吗？"

"你可以解释的嘛！宝宝现在就是一台空电脑，你要往他脑子里装知识啊！"

"哦！来，宝贝儿，爸爸给你讲丑小鸭的故事。丑小鸭呢，就是一只长得不那么好看的鸭子。我们首先要来认识鸭子。鸭子是什么呢？现在时代已经赋予了它很多含义。首先，它是一种家禽，它有毛，可以供我们吃！其次呢，现在这个社会里，有一种职业，叫鸭子……"

兔妈连踢带踹，把小排踹了出去……

当然，小排大部分情况下还是个值得表扬的好老公、好爸爸，对于兔妈一出又一出的胎教主意，他总是尽力配合。所以自从兔妈又提出了更高要求后，《白雪公主与七个小矮人》、《卖火柴的小女孩》等都开始隆重登场。

兔妈曾经在网上百度过，文学对胎教的作用那是大大的。所以准爸妈在阅读并与胎儿进行交流时，一定要倾注情感哦，而对这些语言要通过你的五官使它形象化，因为胎宝宝对你的语言不是用身体而是用大脑来接受的。当然，多读文学作品，对孕妈妈本身也是有好处的，可以让枯燥无聊的孕期生活丰富多彩，也能使孕妈妈的情感得到优化。

小贴士

　　文学和音乐一样，容易对人的情绪产生影响，将优雅的文学作品以柔和的语言传达给胎宝贝，能够培养孩子的想象力、独创性以及进取精神。让胎儿与母亲一起感受文学的趣味，培养艺术的情感，增进大脑的发育吧。

　　从一个小小的生命"落户"在妈妈身体中的那一瞬间，他就在努力地学习，为出世而做准备。这时候，妈妈满怀爱心地去教授胎儿各类知识与行动的"课程"，胎儿出生后自然而然地就会成长为健康聪明的宝宝。

娘胎里学英语

说完语言胎教，咱们再来说说另一种常规胎教法——知识胎教。知识胎教其中很大一部分就是和肚子里的宝宝交流日常知识，这个内容实在有点宽泛，譬如春夏秋冬的季节交替，衣食住行的生活点滴，都可以成为妈妈给宝宝灌输的知识点。至于这一部分内容的选择，兔妈就不花费笔墨详细展开了，孕妈妈们可以根据自己的情况自由发挥。

除了日常知识的胎教，时下还有一种很流行的知识胎教叫做英语胎教，据说在准妈妈圈子里很是流行。说来也巧，怀孕的时候正赶上职称评定，职称英语考试让毕业后就没开口说过英语的兔妈不得不回到一堆字母中，于是英语胎教就成了水到渠成的事。

多年没有和ABC打交道，兔妈的英语水平已经退化到小学阶段，以至于连四级都考了两次的小排都开始嘲笑兔妈了——因为兔妈曾经在吉隆坡机场转机时，逮着机场工作人员就开口"Can you speak Chinese?"所以，职称英语考试也一度让兔妈如临大敌。一本职称英语教材外加一套试题随身携带，以便忙里抽空随时翻阅。密密麻麻涂鸦到最后几页时，兔妈的职称考试也已经近在眼前。看看兔妈突击几个月后的成果：英语境界从"稀里糊涂"到"若有所悟"，发生了质的变化；肚子里的宝宝从"略见端倪"到"圆似篮球"，实现了量的飞跃。兔妈在复习期间，参加了单位组织的复习班，这期间有许多欣喜想和准妈妈们分享。兔妈入班时肚子里的小小排已经近4个月大了。这个复习班让兔妈依稀回到了大学时代，那种快乐不可言喻，都已记不清有多少次笑翻在课堂上，就连肚子里的宝宝也乐得直蹦。给我们上课的老师叫Betty，比兔妈还年轻的她激情饱满，倾其所能、惟妙惟肖地演绎着每一个单词、每一个短句，仿佛只要我们能记住，她就可以倾注自己所有的能量去展现英文的美感和魅力！虽然是复习课，可是在这个老师的驾驭下，课堂成了同事间的互动交流，所以几乎没有打瞌睡、开小差，甚至连逃课的现象都很少。

年纪一大记性就差，更何况孕妇智商会变低，所以有很长一段时间，兔妈一直为60分而努力奋斗，对自己的英语学习能力失望到了极点，甚至一度怀疑自己得上了传说中的外语学习障碍症。Betty是个特别细心的女孩子，她不但没有嫌弃兔妈这个悟性超差的大肚婆，还不断鼓励兔妈放松心情，别把考试和学习当成负担，她不止一次地跟兔妈打趣说，宝宝在娘胎里就听着妈妈说英语，说不定以后第一声开口是喊ABC呢。在美女老师不断地鼓励下，兔妈才重新燃起决心，不争馒头争口气，坚决不让宝宝还吃这没文化的亏！兔妈庆幸自己选择了这样一条与众不同的孕期之路，遇上了新的良师益友，她能让英语不再枯燥，而像是有了生命的活力，更让课堂满是乐趣！那段时间，除了工作，兔妈课上认真听，课后勤复习，拿英文音碟当胎教音乐听。说来也巧，每当学习时，小小排在肚子里总是很乖，偶尔还会像吹泡泡一样动一动，可能是听着外语感觉很奇妙吧！当然，在孕期中学习也会遇上许多不适，记忆力减退、腰腿胀痛、行动迟缓……不过，这些都可以通过定时的休息放松、适度的锻炼来缓解。兔妈始终坚持到了最后，没有一丝的松懈，为了兔妈的梦想，也为了兔妈身体里那个一直给予兔妈无限力量的小家伙。

果然，一学期下来，兔妈不但重新拾回了学习的信心，顺利通过了考试，还收获了那么多的快乐时光。谁说准妈妈的生活就是吃吃和睡睡？找些自己感兴趣并且有意义的事来做，生活可丰富着呢！

小贴士

　　在妊娠4个半月时，胎宝宝的内耳和鼓膜是其唯一已经发育成熟的器官。因此，从这时开始，你的英语胎教绝对让肚子里的宝宝能听得一清二楚。有一名国外的教师埃伦·罗伊说过："在胎儿期接受了英语启蒙教育的孩子，在学校学习英语只不过是一次简单的饭后散步，轻而易举。他们的发音好极了，比那些父母精通两种语言的孩子还要好。"

　　妊娠中的运动，不仅对分娩有帮助，也能有效地转变孕妈妈的心情，更重要的是，运动能使孕妈妈充分地吸入氧气。胎儿是通过脐带来摄取氧气与营养的，如果母亲能充分地吸入氧气，胎儿的大脑就会因为充足的氧气而变得活性化，所以，孕妈妈适量的活动可使胎儿的头脑更灵敏，但剧烈的运动效果适得其反，反而会抑制胎儿大脑的发育。孕妈妈每天都要保持一定的运动量，但要配合自己的身体状况来进行。

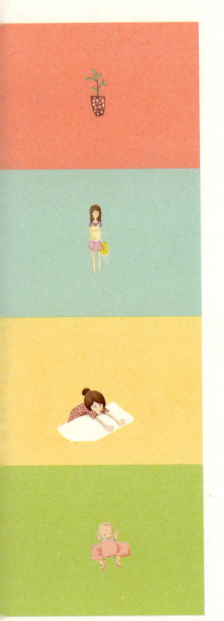

动起来，为新生命喝彩

　　周末的上午，兔妈和小排一起在小区公园里悠闲地散着步。20分钟后，顶着超大肚子的兔妈开始觉得双脚是个累赘，于是拉着小排到凉亭里坐了下来。呼吸着京杭大运河边清新的空气，看着别人家已经能奔跑的娃儿们，兔妈心情很舒畅，轻轻地把头靠在丈夫的肩膀上，"你说以后能不能把遛狗的任务交给咱们家宝宝？""听起来不错，就怕都遛丢了。"……一堆无厘头的对白后，兔妈和小排相视一笑，浓浓的爱在眼神中流淌。

　　虽然有点小肉麻，但是这是兔妈孕期运动胎教的真实片段之一。其实兔妈是个不爱运动的懒人，但是小排却号称自己在运动方面天赋异禀，所以经常"强迫"兔妈散步当做运动。对于习惯开车的兔妈来说，这是个非常痛苦的经历，但是从最后的结果来看，小排也算是用心良苦，兔妈自然生产的过程比较顺利。

不过对兔妈触动更大的，还是来自一个朋友的例子。兔妈的这个朋友算是典型的女强人，不管在什么场合都是一副风风火火、雷厉风行的样子，也许是因为性格的原因，她特别愿意接受新鲜观念和事物，所以早在六七年前她怀她家宝贝闺女的时候，就顶着七个月的大肚子在杭州某家健身俱乐部里练瑜伽，一度上了报纸版面，成了时尚妈咪的先锋人物。后来她的生产也很顺利，宝宝现在也遗传了她热爱运动的特征。在她的鼓动下，兔妈也开始向运动胎教进军。

运动胎教是指孕妈妈适时、适当地进行体育锻炼和帮助胎儿活动，以促进胎儿大脑及肌肉的健康发育。据说从怀孕第7周起，小家伙就开始活动了，小至吞咽、眯眼、咂拇指、握拳头，大至伸展四肢、转身、翻筋斗，都可以做到。所以为了新生命，还是动起来吧！

兔妈是那种办张瑜伽年卡，一年到头可能坚持不了十次的主儿，所以要向兔妈的朋友一样挺着大肚子在健身房里招摇过市，这绝对不是兔妈的体能、精力和荷包所能承受的压力。所以兔妈觉得应该发掘一款适合自己的运动胎教之法。于是开篇出现的散步运动就成了兔妈最爱的选择，零成本无负担，最主要的是不受时间地点的限制，哪怕像兔妈这样需要上夜班的人，也能在晚饭后和同事或者老公，在单位附近的市体育馆的大院里转悠几圈。对于孕妈妈自身的运动，兔妈的心得只有坚持两个字可以贡献，记住毛主席那句话，坚持就是胜利。

　　严格来说，运动胎教还包括抚摸胎教和呼吸胎教，抚摸胎教是让胎儿在妈妈肚子里进行运动，这一部分兔妈会在下一章节中详解介绍，所以接下来就和各位姐妹分享下通过呼吸运动来进行运动胎教，这比其他的运动来得更省时省力。

　　在妇保医院上课的时候，兔妈就听说拉玛泽呼吸法可以稳定情绪和集中注意力。这种呼吸法不但可以用来胎教，更值得一提的是，熟练掌握这种呼吸法会让打算自然生产的妈妈们的分娩历程轻松很多。

　　拉玛泽呼吸法的版本有很多，兔妈的妇保听课笔记上就记下了医生提到的四个版本。经过自己的不断实践，兔妈在胎教过程中摸索出了一套简单易学且有利于集中注意力的方式。

　　实施这种呼吸法时，场所可以任意选择。可以在床上，也可以在沙发上，

也可以坐在地板上。这时要尽量使腰背舒展，全身放松，微闭双眼，手可以放在身体两侧，也可以放在腹部，只要没有不适感就行，衣服尽可能穿宽松些。准备好以后，用鼻子慢慢地吸气，以5秒钟作为标准，在心里一边数"1、2、3、4、5……"，一边吸气。肺活量大的人可以数6秒钟，感到困难的，可以数4秒钟。吸气时，要让自己感到气体被储存在腹中，然后慢慢地一点点将气呼出来，从嘴或鼻子呼出来都可以。总之，要缓慢、平静地呼出来。

呼气的时间是吸气的两倍。也就是说，如果吸气是5秒的话，呼气就是10秒；吸气是6秒的话，呼气就是12秒。就这样，反复呼吸1-3分钟，你就会感到心情平静，头脑清醒。

实施呼吸胎教法的时候，尽量不去想其他事情，要把注意力集中在吸气和呼气上，一旦习惯了，注意力就自然集中了。

另外，根据兔妈的亲身体验，在分娩时用这样的呼吸法的确会减轻一些疼痛感。据说，以拉玛泽分娩法为代表的各种无痛分娩法，都是让腹肌较弱、不会腹式呼吸的孕妇掌握这种呼吸法。兔妈就是在阵痛开始的同时进行腹式呼吸的，因而轻松地渡过了分娩关。在大多数医生看来，长时间的难产以及剖腹产，对胎儿都是不利的。所以，为了自己，也为了胎儿，掌握这一呼吸法是有益无害的。

小贴士

准妈妈做运动时，可向大脑提供充足的氧气和营养，促使大脑释放脑啡肽等有益的物质，通过胎盘进入胎宝宝体内；准妈妈经常做适当的运动，不仅可以控制准妈妈自身的体重增长，减少脂肪细胞，还可以给胎宝宝"减肥"，即生出少脂肪细胞的宝宝概率大。这样，既可防止生出巨大儿，有利于自然分娩，又能减少宝宝患肥胖症、高血压及心血管疾病等的几率。经常去户外或公园里运动，可呼吸大量新鲜空气，阳光中的紫外线还可使皮肤中脱氢胆固醇转变为维生素 D，促进体内钙、磷的吸收利用。既有利于胎宝宝骨骼发育，又可防止准妈妈患骨质软化症。

　　每个孩子都喜欢父母的爱抚，而这一招其实很多孕妈妈在孕期都会有意无意地进行，哪个孕妇会没有轻抚自己的肚子来和宝宝隔着肚皮打过招呼呢？

用触摸陪着宝宝一起玩

一般来说，孕妇怀孕四个月开始，胎宝宝就开始了丰富的活动。小小排属于好动又顽皮的家伙，孕20周的时候，小家伙就已经把吞羊水、眯眼、咂拇指、握拳头、伸展四肢、转身、踢腿、翻筋斗等全套动作耍得驾轻就熟（当然这里有些动作是通过B超看到的，有些是兔妈心有灵犀感受到的）。除了好动，小小排在那个时候已经会对妈妈的隔空骚扰做出各种反应。所以兔妈新学来的抚摸胎教就开始派上用场了。

先来小小地科普下，啥叫抚摸胎教？现代医学研究表明，胎儿体内绝大部分细胞已具有接受信息的能力，并且通过触觉神经来感受体外的刺激，而且反应渐渐灵敏。准爸妈可以通过抚摸的动作配合声音与子宫中的胎儿沟通信息。这样做可以使胎儿有一种安全感，使孩子感到舒服和愉快。

　　根据兔妈刻苦钻研得来的靠谱资料，孕妈妈不仅可以抚摸胎宝宝与他沟通信息、交流感情，还应当抚摸胎宝宝，帮助胎宝宝做"体操"。什么做体操？还是隔着肚皮帮助他做体操，估计体操奥运冠军的教练都会觉得这个听起来难度不小，不过兔妈和宝宝玩得很high，还经常羡煞一旁的小排同学，每每看他抛来羡慕嫉妒恨的眼神，兔妈总是回以得意的笑容。

　　按照医生的指示，抚摸胎宝宝的时间，一般以早晨和晚上开始做为宜，每次时间不要太长。于是每天早上兔妈被小小排的一脚"无影脚"踹醒后，就选择平躺的睡姿，在腹部松弛的情况下，用一个手指轻轻按一下胎宝宝再抬起，刚开始的时候，小小排比较迟钝，经常要过上一阵子才能给兔妈一点小小的反应，不过幸好在兔妈准备放弃前，小小排悟出了真谛：兔妈的问候立刻得到了热烈的回应——小小排会立即以轻微胎动告诉妈妈他感受到了。当然如果孕妈妈开始轻轻按一下时，胎宝宝用力挣脱或蹬腿反射，这表明他不高兴了，这时孕妈妈就应马上停下来。过几天后，胎宝宝对孕妈妈的手法适应了，再从头试做，此时当孕妈妈的手一按，胎宝宝就主动迎上去做出反应或者过了一会儿才以轻轻的蠕动作为回应，这种情况就可以继续抚摸。

　　兔妈可以很负责任地告诉姐妹们，5个月的胎儿就可以与准妈妈玩游戏了。当初兔妈花了100大洋挂号费，跟风追随当地一位赫赫有名的妇产科专家进行围产检查。挤在一大堆高龄产妇、保胎孕妇中间，兔妈实在是属于生猛的孕妇。这位仁慈的专家医生为了不浪费兔妈的100大洋，在量完腹围、听完胎心以后，终于和兔妈闲扯到抚摸胎教的话题。"每次5分钟，每次运动时你记得用手捧住胎儿从上至下，从左至右隔着肚皮轻轻抚摸和拍打。晚上睡觉前，可以仰卧床上，头不要垫得太高，全身放松，进行轻轻抚摸、拍打，经过一段时间训练后，在没有胎儿踢蹬的部位拍打亦会引起胎儿的踢蹬。开始时每星期3次，以后逐渐增加，每次5到10分钟，这样可以促进胎儿肢体运动和触觉，增加肢体灵活度，做运动的同时还可听一些轻松愉快的音乐。"兔妈如获至宝，只恨自己当时没带笔记本和录音笔记下医生阿姨的谆谆教导，于是回家赶紧实践。

专家不愧是专家，兔妈家的小小排是个在母腹中经常被兔妈和小排抚摸做体操和游戏的足月儿，出生后翻身抓爬握坐的各种动作都比其他同龄的宝宝学得早，如今八个月大的小小排活动能力已经越来越强，还时不时学个新鲜花样，让兔妈感叹养儿日日新。

小贴士

　　抚摸胎教一定要在医生指导下进行，避免因运动不当或过度而产生意外，有早期宫缩者禁做此项运动。

　　一到四个月是胎宝宝在妈妈肚子里的快速成长期，神经系统和循环系统都已经开始成长，眼睛、耳朵、消化系统、肺等器官开始形成，这也是胎儿手脚发育的重要时期。所以，给胎宝宝创造一个良好的成长环境，是新手妈妈的必修课。

给宝宝一个好的环境

有好学的孕妈妈估计会问，那个时候宝宝住在妈妈的子宫里，那提供好的环境是不是只要注意母体的健康和提供足够的营养，就算是完成环境胎教了呢？好吧，兔妈又要来充当一回胎教达人为新手妈妈扫盲了。妈妈肚子里的宝宝，就如同花儿的果实一样，如果你给了他良好的环境，就能使胎儿受到良好的感应；而不良的环境，则使胎儿受到不良的感应。外界的色彩、音响和声乐，乃至无限美好的大自然景色，不仅使孕妈妈本人置身于舒适优美的环境中，而且能让胎宝贝心情轻松愉快，达到"气美潜通，造化密移"的最高境界。总而言之，胎宝宝的身心、智能的健康发育，需要良好的内外环境，所以年轻的爸爸妈妈们在工作之余，应常常带着你家的小宝贝去享受大自然的美。

环境胎教的必杀技

良好的环境不仅可以使孕妇心情舒畅、身心放松，而且能促进胎儿的成长发育。因此，年轻夫妇在准备受孕前6个月就应开始学习环境卫生知识，以利于优境养胎。孕期可以这样进行环境胎教：

1、美化居室环境

居室环境对于孕妇是非常重要的，咱不求什么别墅排屋、豪华装修，但最起码咱能要求家里整洁雅观吧。这么千载难逢能使唤小排拿着拖把抹布忙里忙外的大好机会，兔妈怎么舍得轻易放弃呢？于是，每个周末躺在沙发上一边看着电视、一边指挥小排干活，成了兔妈孕期生活里最惬意的事情之一。哼，让他也体会一下平时咱的辛苦。

不是有专家说多看可爱宝宝，以后生出来的孩子也能一样可爱迷人嘛！咱不管这到底靠不靠谱，但是这么简单易行的方法，兔妈肯定是宁可信其有的。爱折腾的兔妈在知道怀孕以后，以迅雷不及掩耳之势在家里能挂东西的地方都悬挂上了活泼可爱的婴幼儿照片，从客厅到卧室到书房一个都没有落下，只剩下厨房和卫生间没有被婴儿照占领。

除了宝宝相片，兔妈也听说，可以悬挂在家里供孕妈妈胎教之用的，还可以是一些隽永的书画作品，或者帅哥美女的靓照，或者孕妈妈喜欢的风景照，不过一些影响胎教的海报照片还是算了吧，胎儿不宜啊！

兔妈曾经还想过给小家来点绿化装饰，不过都以失败告终了——兰花被球球连根刨起，幸福树和文竹纷纷因缺水而活活渴死，看来这一招不适合懒人。如果姐妹们想给小家进行绿化装饰的话，兔妈建议以轻松、温柔的格调为主，无论盆花、插花装饰，均以小型为佳，不宜大红大紫，花香也不宜太浓，孕妇处在被花朵装饰得温柔雅致的房屋里，一定会有舒适轻松的感觉，这有利于消除孕妇的疲劳，增添情趣。

再啰唆一句，孕妈妈应该尽量避开各种污染，比如二手烟、汽车排放的尾气等。

2、感受室外的美丽风光

相信大家都知道，孕妈妈如果一味地在屋里闷着，对自身的身心和胎儿的生长都是不利的。所以，孕妇要经常到空气清新、风景秀丽的地方游览，多看看美丽的花草，以调节情趣，这样可使孕妇心情舒畅，体内各系统功能处于最佳，使胎宝宝处于最佳的生长环境中。

兔妈是个对吃喝玩乐总是有无尽追求的伪小资，哪怕怀孕了也是如此。刚怀孕三个月的时候，兔妈本来约了好友去香港shopping，却被老妈和小排强行扣下港澳通行证。那几天，一想起错过了无数跳楼价的美衣靓鞋护肤品，兔妈心情抑郁到了极点。小排为了安抚兔妈受伤的心，允诺等宝宝扎根稳定以后，带兔妈出去玩一次。

终于熬到了妊娠第六个月，据说这是最适宜孕妈妈短途旅行的时机。因为在这个时候，胎儿渐渐安定，而孕妈妈离生产还有一段时间，肚子还没有大到影响出行的地步。于是兔妈又开始怂恿小排，带着兔妈找个空气好、距离近的地方，让宝宝见见世面。

其实这个时候已经到了冬天，去哪儿好呢？正好一帮朋友组团去绍兴滑雪，兔妈又没心没肺地激动了，这次小排再也阻止不了兔妈出行的强烈愿望，带着兔妈开车奔到绍兴。滑雪兔妈当然滑不了，但是美味大餐、五星级酒店，还有和一帮许久不见的老友重逢，却可以让一个无聊的周末变得精彩。

这是兔妈在孕期唯一一次短途旅行，虽然现在想来最受益的是小排——土人学会了滑雪，但是兔妈本着乐观积极的态度总结：这次旅行是个美好的回忆，对平时忙碌的兔妈和小排来说都是难得的放松，如果你们够有心，没准还能在旅途中给宝宝想出一个绝世好名字呢。当然在制订旅行计划时，准爸妈一定要考虑到胎儿，行程不要安排得太紧，也不要过于劳累。一般而言，空气清新、宁静的地方最理想，最好离家不太远，如有绿色的草地、湖泊，则是最佳的选择。孕妈妈如感到心旷神怡，胎儿也会从中受益。在大自然中呼吸新鲜空气，散步，规则的子宫收缩运动，对胎儿是最快活的皮肤刺激，同时也可以促进胎儿脑部的发育。当然，旅行时别忘了告诉宝宝，你来到了什么样的地方，你看到了什么。

3、光照胎教法

这个听起来很专业，其实操作起来很简单，主要是训练胎儿视觉功能，据说能帮助胎儿形成昼夜周期节律。谁不想宝宝出生后夜晚能少闹腾呢？兔妈先来说一下小小排同学出生后的情况，月子里他昼夜不分每隔三小时吃一顿奶，一个月以后开始对白天黑夜有概念了，晚上只吃一顿夜奶，睡觉很安静，这么说起来，小小排是个非常体贴妈妈的好孩子，当然这也直接导致他妈妈因为太不操心而至今都没有瘦身成功。

兔妈怀孕的时候曾经上过妇保组织的培训班，按照医生的介绍，光照胎教法最好从孕24周开始实施，工具就是一只手电筒，够简单吧！因为胎宝宝的视觉较其他感觉功能发育缓慢，孕24周时才对光开始有反应，所以怀孕六个月开始，孕妈妈可以每天定时在胎儿觉醒时用手电筒作为光源，照射孕妇腹壁胎头方向，每次5分钟左右，结束前可以连续关闭、开启手电筒数次，以利胎儿的视觉健康发育。不过千万记得不要用强光照射，而且照射的时间也不能过长，不然会适得其反。

现在想起来，光照胎教真的挺神奇的。隔着兔妈厚厚的腹部脂肪，小小排在手电筒一闪一闪的时候，居然能用轻微的胎动来跟兔妈互动，那种感觉真的难以言喻。如果孕妈妈每天能够坚持在固定时间进行胎教，很快就会发现宝宝对这种光照的刺激能够形成特定的反应或者规律。兔妈在这里还是多唠叨一句，孕妈妈千万别在胎儿睡眠时进行胎教，这样会影响胎儿正常的生理周期，必须在有胎动的时候进行胎教。当然如果你跟兔妈一样是个话痨，那么你可以光照加对话，双管齐下哦。

小贴士

孕妈妈要避免的6种不利的内外环境

1、多次堕胎或流产后受精

2、夫妻体弱患病受精

3、不洁的性生活引起的胎儿宫内感染

4、放射线伤害

5、职业与嗜好的不良刺激

6、污染与噪音

性格胎教
Antenatal Training

　　性格决定命运，每个妈妈都希望自己的宝宝能拥有良好的性格，这会对孩子的人生发展起到举足轻重的作用。据科学家研究发现，人的性格早在胎儿期就已经基本形成，因此，在怀孕期注重胎儿性格方面的培养就显得非常必要。

你的性格我做主

　　瑞典曾有一个名叫克列斯蒂娜的女婴，她虽然长得健壮，但却不愿吸吮母亲的奶，母亲把奶头对着她，她仍然把头转过去。她情愿去吸别人妈妈的乳汁或奶瓶的奶。后来经过调查后才知道，原来该婴儿的母亲在怀孕时打算流产，但因其丈夫执意不肯才勉强生下了她。克列斯蒂娜在母亲的腹中就已经感到母亲不希望生下自己，出生后就心怀不满，因此，拒绝吃妈妈的奶，对母亲仍存有戒心。这是多么有性格的孩子啊！

　　说到性格，兔妈其实是要自卑一下的，用小排的话说，兔妈认死理并且倔得跟牛一样，所以生活中兔妈经常钻牛角尖，有时候都快钻到地底下了，还是不愿意回头，而小排也是倔脾气，所以兔妈一度很担心两个倔强的人生下的娃儿会不会倔到十头牛都拉不回来，所以自打认识到胎儿性格的形成离不开生活环境的影响后，兔妈就决定在肚子里为他提供一个超级和谐的生长环境。

兔妈虽然倔，但是有一点还是非常值得肯定的，那就是乐观。许多研究表明，孕妇的精神状态、情感、行为、意识可以引起体内激素分泌异常，影响到胎儿的性格形成。如果孕妈妈有忧郁心情，缺乏活力，孩子出生后会好委屈，长时间啼哭。长大后感情脆弱、郁闷。如果孕妈妈能以笑看人生的哈皮心态来对待孕期烦恼，坚强地克服怀孕后期和分娩中的痛苦，这种坚强的意志会影响到胎儿，胎儿出生后也会向着自尊自强的方向大踏步前进。胎儿接受母亲的影响是自然而然的。特别在胎儿6个月以后，能把感觉转换为情绪。这时胎儿的情感与母亲息息相通。因此，在怀孕过程中，孕妈妈要时刻注意当好胎儿的老师，塑造胎儿美好的性格。

当然，在进行性格胎教时，准爸爸也是可以大有作为的。做什么呢？就是有意识地进行精神刺激，比如说准爸爸可以逗孕妈妈玩，这会使孩子他妈的情绪有片刻的波动，让这种波动影响胎儿，就可以使他得到锻炼。

如果准爸爸觉得还没有掌握此项活动的真谛，那可以参考各类韩剧，里面这样的贤惠老公的模范比比皆是。比如妻子怀孕早期如果恶心、呕吐、厌食，丈夫可以偷偷地做上一份酸甜可口、色香味俱全的美餐，放在妻子面前说：

"你不想吃东西，我特地为你和我们的小宝宝准备了一份好吃的。"妻子看到竟是丈夫亲自为她做的她平时最爱吃的美餐，于是感动得泪流满面，并为丈夫对她和胎儿的关爱感到无比的欣慰，食欲大增。

再比如，可以学着电视里经常上演的剧情：在怀孕后期，丈夫可以趁妻子不备时给将要出生的孩子买漂亮的衣物，给妻子买一件纪念品，不动声色地放在床头，等妻子发现后得到一个意外的惊喜。各位准爸爸尽情发掘一下自己浪漫的潜质，给孕妈妈和宝宝来一点点惊喜和刺激吧，不过千万别过了，吓到妈妈和宝宝就不好了。

小贴士

准爸爸可以和准妈妈一起为孩子取名讨论，各自陈述理由，在反复的思考中既体现出父亲对胎儿的亲情，又因母亲思想不断地活动，使胎儿的神经系统得到锻炼。

胎宝宝在妈妈肚子里不是只会睡觉哦，除了踢腿、打拳，他们也有自己的"小脾气"，孕妈妈的情绪影响着他们的喜怒哀乐；于是又一个新名词——情绪胎教华丽登场。

"妈妈，我也是有脾气的"

我国传统医学经典《黄帝内经》中率先提出孕妇"七情"（喜、怒、忧、思、悲、恐、惊）过激会致"胎病"理论。现代医学研究也表明，情绪与全身各器官功能的变化直接相关。不良的情绪会扰乱神经系统，导致孕妇内分泌紊乱，进而影响胚胎及胎儿的正常发育，甚至造成胎儿畸形。

兔妈曾经看过一个胎儿发育的三维动画科教片，片子叫什么忘记了，不过印象很深刻的是，胎宝宝3个月左右就有知觉，片子里那个三维胎宝宝一开始碰触到子宫内的组织会有害怕的表现，立刻缩回了自己的手脚，然而当他渐渐习惯了妈妈的子宫环境后，就开始在妈妈肚子里闹腾了，于是踢脚、打拳、翻身……全武行都来了，这就是让孕妈妈又享受又受罪的胎动。胎宝宝在妈妈的子宫内安营扎寨，透过妈

妈观察着外面的精彩世界，感受着妈妈的喜、怒、哀、乐，换句话说，孕妈妈的情绪会影响到胎儿的生理及心理，这可不是危言耸听哦！专家建议不能忽视对胎儿的情绪胎教。顺便提一句，胎宝宝是有记忆力的，所以他们一定会记住准爸妈给予的胎教。

兔妈去做B超的时候，听到这些成天在机器前看着胎儿的医生朋友说，其实胎宝宝在孕期5周左右就会对受到的刺激做出反应，8周大的胎宝宝就已经会用蹬脚、摇头来表示不喜欢，到了6个月左右，胎宝宝就开始表现出他的脾气，偶尔还会发点小脾气。最有意思的是，他还能察觉到妈妈是不是真心欢迎他的到来哦。有专家研究发现，如果准妈妈怀孕时情绪稳定，那么喜悦的心情绝对会让肚子里的宝宝感觉到，所以胎宝宝身心发育很健全，在肚子里的动作会有节奏感且自在又缓和，分娩的过程也最为顺利，因为他感知到了自己是在妈妈的期望下到来的；如果准妈妈情绪不安，直接受害的就是肚子里的胎宝宝，最直接的反应是胎动约为一般时间的3倍。一旦胎宝宝长期处于不安状况，胎动过于频繁导致消耗过多热量，则出生时会比一般的婴儿轻300～500克，且也可能有消化系统问题，导致出生后消化及吸收不良，甚至有哺乳困难及经常溢奶的情形。而此类宝宝会比一般宝宝易受惊吓、躁动不安、睡眠较少、经常哭闹，长大后对环境的适应能力也会较差。

孕期的每个阶段都是宝宝的重要时期，尤其怀孕后期，胎宝宝的触觉、视觉、听觉、味觉等发育都趋于成熟了，对于外界事物能感受到，甚至在肚子里也要表示一下"意见"，准妈妈们可千万别忽略了胎宝宝的情绪反应。所以，孕妈妈始终保持平和、宁静、愉快和充满爱的心理，是整个孕期情绪胎教计划的主要内容。

身为女人，兔妈充分理解各位姐妹喜欢撒个小娇、发个小脾气的心理，特别是在怀孕的时候，一来因为激素的变化，二来因为孕期的不适反应，三来也会被家人众星捧月"宠坏了"，所以经常能在现实生活中听到各位孕妈妈抱怨自己"脾气越来越差了"。其实兔妈也不是温和派的，不过孕期的情绪胎教让兔妈学会了控制自己的情绪，自我修炼达到武林高手的境界。

其实激素变化和孕期反应，对各位准妈妈来说，绝对不是不可抗力。兔妈的亲身体验是，情绪胎教的主角可以让各位准爸爸来当，咱们怀孕十月这么辛苦，当爹的也得给力点，所以不给他们安排点任务说不过去啊。于是小排被兔妈封为家里的"后勤部长"。夜班的时候，除了当车夫，小排几乎风雨无阻地当起了跟班，随时安抚一个大肚子因为领导的折腾而夜半焦虑的心情（当然这是因为兔妈的工作比较特殊），周末的时候陪着大肚婆一起到环境清新的室外去散步、晒太阳。当然小排最擅长的是用风趣的语言以及幽默的笑话来稳定兔妈的情绪。

当然兔妈向来崇尚自力更生，所以为自己准备了一个漂亮、温馨的笔记

本，打算记录自己的孕期日记。兔妈一直觉得将怀孕早期到生产中的每一个细微的变化，各个时期不同的心情和身体变化、感受、胎教方法、宝宝的反应等，一点一点地写下来，是非常有意义的事情。当你翻看这些宝宝成长的点滴，母爱便油然而生，这种爱的情绪一定会感染腹中的胎宝宝的。尽管兔妈自己记录的并不多，但是现在回头看自己当初手写的那些文字，温暖的感觉便从心底蔓延开来，所以还是觉得此法值得推荐给有毅力的姐妹。

小贴士

　　准爸爸很小的关心都是一种胎教，帮孕妈妈穿鞋子、递一杯水或者多干些家务活，这些都会让孕妇感受到温馨与关怀。准爸爸对胎儿的抚摸与"交谈"，给胎宝宝唱快乐的歌、讲童话故事，这些实际上都是生动有效的情绪胎教。

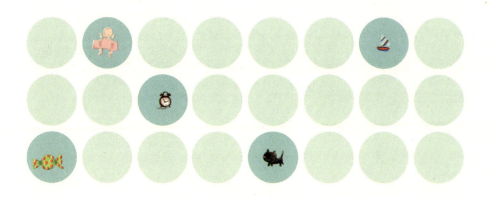

上班族妈妈如何进行胎教?

看到这个问题，估计大多数正在上班的准妈妈都会异口同声地抱怨：哪有时间哦！

其实在这个问题上兔妈至今有点小内疚，因为个人工作性质的原因，兔妈不是朝九晚五一族，而是经常需要夜班（虽然不是全夜班的那种），这种状态一直持续到预产期前一个月，想想挺着大肚子，每天在办公室里上夜班，那是多么悲催的画面啊。在一帮同事的七嘴八舌中，兔妈一度认为自家宝宝铁定是个天生的夜猫子，他的人生居然是从陪老妈夜班开始的。不过后来事实证明，宝宝的生物钟很正常。

这是题外话，说回兔妈的孕期生活，总结成一句话就是：上班胎教两不误。各位孕妈妈请一定相信兔妈，其实胎教不是什么大工程，如果你觉得没有时间，那一定是妈妈偷懒的借口。

　　其实，在中国，大部分的准妈妈还属于在备孕和怀孕阶段要上班的状态，兔妈也是一直坚守在工作岗位上，直到最后一个月才在家安心待产。兔妈最忙的时候基本上从中午就要开始上班，晚上近12点才结束工作，因为怀孕前三个月特别嗜睡，每次一坐上回家的出租车，眼皮就开始打架。不过咱可以不选择在这些繁忙的时候来胎教嘛。

第五章

SUMMARY

总结篇

　　龙应台在《孩子你慢慢来》里，诉说了一个母亲的深情："我爱极了做母亲，只要把孩子的头放在我胸口，就能使我觉得幸福。"

胎儿是一张白纸

回忆就像一只神秘的沙漏，每时每刻都在悄悄地落下，却又落回兔妈的心里。在每一个清晨，小小排的"依依呀呀"总如闹钟般准时响起，稚嫩的小手总是会有意无意地在兔妈的脸庞扫过，于是睁眼、微笑、起床、冲奶……疲惫而幸福的一天全新来临。忙完这一切，不给力的回笼觉总会在半梦半醒间穿插小小排的一哭一笑，从怀孕到如今，孩子即将九个月，小小排的每一次变化总

115

让兔妈无比激动。自认为并不矫情的兔妈，也开始一反常态地爱上用肉麻的语言来表达自己对小小排的爱。

在刚刚知道小小排意外降临的那一刻，兔妈总是时不时地摸着自己的肚子，用意念感受一棵豆芽菜在里面生根发芽的茁壮之势，现在回想起当时的场景，总是忍不住莞尔一笑。从那一天起，原本觉得与自己八竿子打不到一起的"胎教"开始成了兔妈每天的必修课。

尽管兔妈从不迷信科学，但是看了无数的资料，兔妈坚信，胎教是教育的启蒙，这事儿很靠谱！据科学家研究，由于胎儿在子宫内通过胎盘接受母体所供给的营养和母体神经反射传递的信息，使胎儿脑细胞在分化、成熟过程中不断接受母体神经信息的调节与训练。因此，妊娠期母体"七情"的调节与子女智力的发展有很大的关系。

人们都说婴儿是一张白纸，胎宝宝的记忆打娘胎起就开始了，所以准爸爸、准妈妈不妨多和肚子里的孩子交流，这不但可以培养感情，促进以后和宝宝的关系，还可以锻炼孩子的记忆力。

小小排从出生第一天起就能辨认出兔妈的声音，而且对这种声音表现出极大的兴趣，刚出生的那几天一个人睡在小床上就闹个不停，但是小排把他放在兔妈身边后，他就老实地真如一只小兔子。大学的时候，兔妈还看过一个小小的纪录片，具体名字不记得了，但是对内容却印象深刻：深居"宫"中的小宝贝伸出小脚来探测胎盘，"这是什么东西？"经过几个回合的研究，他终于放心了，确认这是一个柔软、安全的物品；一转身，他的手又碰到了漂浮在旁边的脐带，"这又是什么东西？"很快，脐带就成了胎儿的玩具，一有机会便抓过来玩弄几下；对于包围着他的羊水，小宝贝更是潜心研究，不时地吞咽几口品尝一下；母亲子宫的血流声、肠道的蠕动声以及心跳的搏动声，对于它来说无异于一支美妙动听的曲子，统统被收入大脑，储存进记忆系统，以致出生后依然念念不忘；

对于外界传入的音乐声，胎儿也颇感兴趣，转动头部，让耳朵贴近外部世界认真倾听。久而久之，一旦这种声音传来，胎儿便产生一连串的动作作为反应……这一切都说明，子宫内的小生命具有学习能力，他将利用一切可能的机会学习。他学习呼吸、学习吞咽、学习吮吸、学习运动……，并且能够通过妈妈传递过来的信息揣摩着外面的世界，感受着和妈妈之间的心理感应。

"每一个孩子都是天才，重要的是必须尽早培育。错过时机，就事倍功半了。"日本幼儿智力培训专家寺谷俐乃曾经这么说过。兔妈想再唠叨一句，胎教对于孩子来说是一次短暂而珍贵的经历，千万别因为妈妈的忽视或懒惰，而让宝宝少了这样的一个机会。

做个好妈妈，从胎教开始

每个妈妈，无论何种身份，都同样平凡而伟大；每个妈妈，无论何时何地，都会对孩子有最深的牵挂；每个母亲，都有一种"啰唆+自恋"的职业病，聊起孩子便滔滔不绝，想与每个人分享。其实没有人天生会做父母，父母一职需要学习，熟手爸妈更不是一朝一夕练成的。从怀上宝宝那一刻起，兔妈真心体会到"养儿方知父母恩"。人生充满了压力、恐惧、忧伤与挫败，宝宝让兔妈有了史无前例的前进动力。哪怕像兔妈这么乐观和生猛的孕妇，也会遇到痛苦的妊娠反应和对于生产的恐惧念头，这些生理和心理上的压力会让兔妈犹豫：胎教，看起来很美好，却又看不见摸不着，这么辛苦到底是为了什么呢？

　　钢琴家鲁宾斯缇、小提琴家美纽因及乐团指挥罗特等人对一些从未接触过的曲子皆"似曾相识"，即使不看乐谱，乐曲的旋律也不由自主地在脑海中源源不断地涌现。究其原因，原来是他们的母亲在怀孕时曾经反复弹奏过这些乐曲。

　　加拿大哈密顿乐团的指挥鲍里斯在一次演奏时，一支从未见过的曲子突然在脑海里出现，而且感到十分熟悉和亲切，这使他迷惑不解。后经了解，原来他的母亲曾是一位职业大提琴演奏家，在怀鲍里斯时曾多次练习、演奏过这支曲子。

一位名叫海伦的女子只要给她腹中7个月的胎儿唱一支摇篮曲，孩子立即就安静下来。

......

对于曾经有过丁克想法的兔妈，这些鲜活的例子，都是动力的源泉。在知道有了孩子的一刹那，神马潇洒的二人世界、神马自我为上的自由追求，全部成了浮云，常听人说"为母则强"这句话，好吧，兔妈承认，在知道自己要当妈妈的那一刻，是宝宝给了兔妈许多学习及反思的机会。兔妈的人生因而丰富，继之获得一个强而有力的支撑。

第六章

FREQUENT
QUESTION
ANSWER

答疑篇

　　怀孕之前和胎教中，兔妈都很喜欢与一些准妈妈交流，因为兔妈的勤奋好学，兔妈成了一帮准妈妈中的"百科全书"。说实话让兔妈鸭梨有点大，因为兔妈也是摸着石头过河的，但是幸好兔妈翻阅了很多书籍查询各种问题，在这里兔妈总结一下被提起较多的问题，还有兔妈查到的一些答案。

弹琴胎教对胎宝宝的听力会不会有影响？

A： 这年头多才多艺的准妈妈真是多，兔妈有个同事怀孕以后不惜血本买了架钢琴，说是为了打发孕期无聊的生活，顺便做胎教之用。相信小时候曾经学过弹琴的准妈妈总会有这样的想法，但是近距离的钢琴声会不会起到反效果，损害宝宝的听力呢？

虽然兔妈没有为了胎教把奢侈的钢琴搬回家，但是兔妈特地咨询过医生，也在网上查过很多资料，得到的结论多说怀孕后弹琴有益无害。医生告诉兔妈，现在外面的噪音远远要强于琴声，一般的钢琴分贝是很小的。

所以各位准妈妈尽管放心地弹吧，说不定以后你家宝宝出生就是个无师自通的钢琴小王子。不过兔妈在这里还是多啰唆一句，因为弹琴时用力较多，并且大多是坐着，所以大家平时要注意休息和运动。

Q2 胎教就是给宝宝听音乐吗？

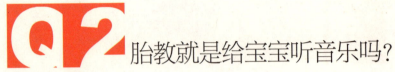

A: 在怀孕之前，兔妈对于胎教的认识就仅限于此，现在想来全拜那些电视剧所赐，基本上电视里上演老婆有喜的剧情时，老公总是会挖出一堆CD来说是用来胎教的。不过经过了自己怀孕的经历，兔妈的观念已经升级换代了。按照现代医学对胎教的定义，胎教是指从准妈妈怀孕开始，调节和控制母体的内外环境，避免不良刺激对胚胎和胎儿的影响，利用现代化的科学知识和技术，根据胎儿各时期发育成长的实际情况，有针对性地、积极主动地给予各种信息刺激，促使胎儿健康发育，以利于出生后有良好的智力发育和健康成长。所以胎教不仅仅是听听音乐、摸摸肚子这么简单哦。

Q3 关于孩子像不像爸爸

A: 每次有准妈妈做完三维B超回来，都会端着宝宝人生中第一张照片爱不释手，然后和准爸爸一起歪歪，宝宝到底是像爸爸多还是像妈妈多？都说儿子像妈，女儿像爸，这种说法到底靠谱吗？

虽然兔妈很理解各位准爸妈，兔妈也曾经对着三维B超单歪歪过很久，怀孕后特别期待和自己的孩子赶快见面，恨不得孩子马上就生出来！但是科学告诉你，即使是做那种B超成像，出来的效果也和你自己生出来的孩子不一样。更多的情况是，很多小孩出生的时候像爸妈其中的一方，但是长着长着又发现开始像夫妻的另外一方了。小小排出生的时候就是和他爹一个模子刻出来的，兔妈所有的朋友都说，如果不是看着兔妈肚子日渐变大，简直都不觉得这是兔妈的娃儿，这是多么悲催的事啊。好在小小排多少有点感恩的心，从四个多月开始渐渐有了老妈的影子。

从遗传学的角度来说，相貌遗传父亲的可能性大。据美国一位心理学家的解释，可能由于父亲给予子女遗传上的特征，使婴儿的脸无论怎么看都更像父亲。这位科学家进一步解释说，这也是人类"自保"本能的一种体现，因为谁是母亲毫无疑问，而谁是父亲却没有这么肯定，所以必须像父亲，这样对婴儿有利，也可以鼓励父亲投入更多的爱。

身高是母亲的遗传大。在营养状况良好的前提下，父母的遗传是决定身高的主要因素，其中妈妈的身高尤其关键。妈妈长得高，孩子也大多长得比较高。

智力是母亲的遗传大。就遗传而言，妈妈聪明，生下的孩子大多聪明，如果是个男孩子，就会更聪明。这其中的原因在于，人类与智力有关的基因主要集中在X染色体上。2个X染色体中，男性只有1个，所以妈妈的智力在遗传中就占有了更重要的位置。

性格是父亲的遗传大。曾经有专家提出，父亲能传授给孩子许多重要的教训和经验，使孩子的性格更加丰富多彩。

Q4 愉快的心情对胎教有什么意义

A: 现在的准妈妈们大都很注意胎教，认为胎教就是给腹中的胎儿听音乐、讲故事等。其实准妈妈的情绪可以影响到胎儿的情绪，准妈妈心情轻松愉快，情绪稳定，避免精神紧张等不良刺激，多在环境优美、空气新鲜处散步，营造愉快的心情，就是对宝宝最好的胎教。

大家都知道，人的情绪变化与内分泌有关，如果准妈妈在怀孕期间能保持快乐的心情，宝宝出生后一般性情平和，情绪稳定，不经常哭闹，能很快地形成良好的生物节律，如睡眠、排泄、进食等。一般来讲，这样的宝宝智商、情商较高。更重要的是，准妈妈愉悦的情绪可促使大脑皮层兴奋，使血压、脉搏、呼吸、消化液的分泌均处于平稳、相互协调的状态，有利于准妈妈身心健康，同时改善胎盘供血量，促进胎儿健康发育。所以，准妈妈们每天都要保持好心情。

如果准妈妈每天都处在情绪紧张或应激状态下，肾上腺皮质激素的分泌就会增多，这种激素随着母体血液经胎盘进入胎儿体内，对胚胎有明显破坏作用，影响某些组织的联合。特别是前3个月，正是胎儿各器官形成的重要时期，如孕妇长期情绪波动，就可能造成胎儿畸形。

Q5 胎教真能起作用吗，现在兴胎教，也未见有多少天才儿童诞生？

A: 这个问题曾经让兔妈也很好奇，过去从未听说过胎教，也诞生了很多科学家、文学家和政治家，这年头随便在路边抓个孕妇，估计人家就能跟你说出个胎教一二三四点，但是也没见这年头的孩子就比原来厉害到哪儿去。

说到这个话题，兔妈首先得重申下，胎教不是为了造天才，所以各位准爸妈要是抱着这么功利的想法，那估计是要失望的。那胎教到底有啥用呢？现代医学技术证实，随着胎宝宝在妈妈子宫内茁壮成长，各种感觉器官相继发育成熟，宝宝已有了自己的喜怒哀乐，并细心地感受着子宫外的世界。而胎教就是爸爸妈妈和未出生胎儿之间交流的桥梁。

当然，按照科学家的说法，回顾人类智力的进化发展史，每一代都比前一代聪明，这是无可争议的事实。因此，现在的智力平常儿放在100年前，也许就是个"超常儿"。另外，科学技术的发展已经到了一个"瓶颈"——即在前人的基础上来个飞跃相当困难，哪怕站在巨人的肩膀上，所以，现在已不太可能涌现爱因斯坦、牛顿这样的伟人，但人类整体的智慧足以让地球飞速地发展。

Q6 经过胎教的孩子是否以后学习会特别好？

A: 关于这一点，估计所有的胎教育儿专家都不会给你打包票，但是兔妈可以很负责任地告诉各位姐妹，根据国内外实验，总体来说，曾经接受过胎教的孩子，智力发育通常会明显优于一般儿童。

另外胎教的目的是促使胎儿的健康发育，为其出生后的智力发展和健康成长打下基础，而并非一定要培养个神童。按照日本胎教专家的说法，胎教的本质是爱的传递，而不是知识的灌输。因此，准爸妈们在做胎教时要端正心态。

胎教时宝宝会与爸爸妈妈互动吗？

A: 兔妈从怀孕开始就经常听一些孕妇说，胎教的时候宝宝没反应，一来二去，准妈妈总因为得不到回应而懒得坚持了。每次遇到这样的准妈妈，兔妈都会斩钉截铁地告诉她：千万别放弃，妈妈的一举一动宝宝一定能感受到，至于准妈妈想要的回应，那也是确定一定以及肯定会有的，但妈妈必须持之以恒，让宝宝形成习惯。

兔妈自己的经验就是最典型的互动胎教——"踢球游戏"。一开始，兔妈在宝宝胎动的地方拍打，经过一段时间的胎教，当时还在肚子里的小小排就开始掌握精髓了，后来兔妈在胎动以外的地方拍打时，小小排也会自动踢向那个地方，当然那得选择胎宝宝醒着的时候。这种默契需要准妈妈和胎宝宝的磨合和沟通，这就是这类胎教的精髓所在。

 需要每天进行胎教吗，
应多长时间合适呢？

如果希望有个良好的胎教效果，必须持之以恒，天天实践。三天打鱼、两天晒网是要前功尽弃的。不同胎教有不同的时间规定。如音乐胎教，每天1-2次，每次不超过20分钟；抚摸胎教每天两次，每次5-10分钟。最适合的时间和方法，都是因人而异，所以各位准妈妈还是应该自己来摸索适合自己和宝宝的胎教方法。

Q9 孕妈妈能否把看电视当做胎教？

A: 电视既有声音又有图像，孕妈妈能不能把看电视当成一种胎教呢？事实上这种想法是错误的，长时间看电视对孕妇和胎儿都会造成不良影响。

电视机的显像管在高压电源激发下，向荧光屏连续不断地发射电子流，从而产生对人有影响的高压静电，并释放大量的正离子。正离子可以吸附空气中带负电的尘埃和微生物，附着在人的皮肤上，可能会使孕妈妈的皮肤产生炎症哦。

此外，荧光屏上还能产生波长小于400微米的紫外线，由此产生臭氧，当室内臭氧达到1%的浓度时，可引起咽喉干燥、咳嗽、胸闷、脉搏加快等，就会影响孕妇和胎儿的健康。

因此，孕妇不宜长时间近距离看电视。如果实在无聊想过把瘾，那么就离电视机2米开外，看完电视后，别偷懒，一定要洗把脸。

Q10 古代人也会进行胎教吗?

A: 胎教在中国的历史很悠久。按古文的记载，古代女子从受孕的第一天开始，就要"寝不侧"（睡觉要端正，不随便睡），"坐不边"（坐的姿势要端正，不要坐一侧或坐歪了），"立不跛"（《弟子规》有"不跛倚"，就是站立时要站好），用现代话来讲，你的言行举止、行住坐卧都要有礼貌，都不可以随便。做到所谓"四勿"，即非礼勿视、非礼勿言、非礼勿听、非礼勿动。凡是不好的，不应该看的，不堪入耳的，作为一个准妈妈都要拒绝。

古人认为饮食方面也应该有所节制，就是所谓"割不正不食，不时不食"，是指这个时节不应该吃的食物，就不能吃或者说切割得不恰当，太大、很难咀嚼，作为孕妇也不能吃，以防影响消化。所以从某种程度上说，古人从怀孕的第一天开始就非常重视胎教了。

Q11 孕期"性"事会不会对胎教产生不良影响?

A: 大多数准妈妈都会害怕孕期性事影响胎教而有害于胎儿。事实上,孕期的性行为并不会影响胎教,因为它不像实行"胎教"一样,必须是经常性或整天地进行。

一般来说,怀孕后期的性行为,胎儿有可能会听到声音。至于是否会影响胎教,虽然医学尚无研究证实,但性行为一般都不是很频繁,相信不会对胎儿有很大影响,所以准妈妈大可不必过于担心。

有研究表明,妊娠中的性生活不仅有利于夫妻间的情感交流,而且更有利于胎儿发育,因为充满愉悦的荷尔蒙与爱液会促进胎儿脑神经的发育。

Q12 孕妇摸肚皮，
胎儿脐带绕颈？

A: 据妇产科医生介绍，脐带绕颈多发生在孕早期和孕中期，这一阶段脐带长，空间大，胎儿活动时很可能一圈或两圈脐带绕颈，有人会自动恢复正常，与是否摸肚子、摸的手法并无直接联系。不过医生并不建议孕妇频繁抚摸肚皮，尤其在孕晚期，容易刺激宫缩，引起早产，特别是一些前置胎盘、有早产迹象或胎动频繁的孕妇，更不能频繁刺激肚子。

然而，掌握了正确的抚摸方法，对宝宝的发育也是有好处的。

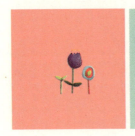  

后记
Antenatal Training

　　2011年的早春，在经历了十几个小时的痛苦产程后，兔妈已经在筋疲力尽的边缘徘徊，一声响亮的啼哭声如同强心针一样，让兔妈回过神来，自己当妈妈了！50厘米、六斤八两的小家伙在产房展示着他洪亮的小嗓子，助产士给小小排打了10分的综合分。

　　伴随着这一声啼哭，280天的胎教历程终于落幕，接下来兔妈给了自己新的挑战——巩固和检验兔妈的胎教成果。

　　养儿日日鲜。宝宝长到九个月，这种感受一天比一天来得真切。小小排出生两个月后，兔妈和小排开始尝到了胎教带来的甜头。当别人家的孩子还在日夜不分，让新手爸妈夜不能寐时，小小排已经开始有了明确的白天黑夜概念，在晚上他的睡眠很深，满月开始，晚上只要喝一顿夜奶，白天醒着的时间也延长了。那个时候兔妈在家休产假，闲来无事经常会给小小排哼唱些曾经给他听过的胎教歌曲，每当这时，小小排总会睁着他的大眼睛望着兔妈，这种天真无邪的眼神，顿时让兔妈萌生出一种幸福感。

Antenatal
Training

走进孩子的内心世界，让父母教育更省心，让宝宝更聪明！

中国首部解码0~3岁孩子心理的家教书

Baby心灵馆系列

第一部，《与宝宝心灵对话——了解才能更好地爱》

明示、暗示、表情、身体、心理"语言"全解读，
零距离碰触孩子的内心。

对话孩子心灵，才能更好地爱，
帮助孩子智商、情商、潜能大开发，
安全渡过影响孩子一生的心理品行塑定期！

用绘画了解孩子的心灵世界开发宝宝综合能力，开启未来无限可能！

中国首部0~12岁孩子的绘画心理家教书

Baby心灵馆系列

第二部，《与宝宝心灵对话——孩子的第六种语言》

近百幅手绘插图&上百个真实案例，
"绘画语言"帮助父母培养宝宝健康又健全的人格。
开发宝宝的观察能力&创造能力&沟通能力……
12岁以前教你用绘画全方位开发孩子的各种能力！